だいわ文庫

才能を見つけるために
しておきたい17のこと

本田 健

大和書房

はじめに
才能のない人なんていない

数ある本の中から、この本を手に取ってくださって、ありがとうございます。

「自分の才能」がテーマのこの本を手に取ったあなたは、「自分にも、なにか才能があるかもしれない」とチラッと思ったのではないでしょうか。

でも同時に、「そんなに簡単に、才能が見つかるのかなぁ？」とも考えたはずです。それは、才能を生かして生きている人なんて、テレビに出てくる有名人、スポーツ選手、一部の天才しかいない感じがするからです。

私も、以前は同じように考えていました。でも、あるとき、自分の才能を生かして生きている人たちに出会ってから、考え方が変わりました。

彼らは、決して特別な天才ではありません。流行《はや》っているお店を経営していたり、インターネットショップや小さな会社を経営していたり、フリーランスで仕事をしていたりしますが、それは、自分らしさを追求していった結果、そうなったのです。もともとが、平均よりも飛び抜けて頭がよかったわけでも、有名大学を出たエリートばかりというわけでもない、ごく普通の人たちでした。

決して有名人ではありませんが、自分の才能をしっかり生かして、楽しい毎日を送っています。

そのことを知って以来ずっと、「才能を生かす」ことに興味をもって、実際にたくさんの才能あふれる人たちに会ってきました。

数だけ見れば、いまの世の中で、自分の才能を使って充実した毎日を生きている人はまだ少数派ですが、決して不可能ではないと私は思います。

いまは楽しく生きている彼らも、少し前までは、ごく普通の生活を送っていました。それが、ちょっとしたきっかけで、自分の才能を見つけ、磨いていくうちに、自分らしいライフスタイルをつくり上げていったのです。

私は、日常的に「才能を生かしている人」と、「まだ自分の才能を見つけていない人」のどちらにも会いますが、彼らの人生はまったく違います。

才能を生かしている人は、「自分が誰か」をよく理解して、その通りに生きているので、いまの人生に満足しています。そして、「これから何がやりたいのか」がはっきりしているので、変な焦《あせ》りもありません。

一方、自分の才能をまだ見つけていない人は、なんとなく不安を身にまとって生活しています。それは、自分に自信がもてないし、これからどう生きるのかに迷っているからでしょう。

学歴や頭のよさに、それほどの差があるわけでもないのに、何が違うのかなといつも思います。そして私が見て感じるのは、自分の得意なこと、好きなことを上手に生かせたかどうかの差ではないかということです。その差は、最初はほんの小さな違いですが、長い年月のうちに、しだいに大きくなっていくのでしょう。

その分かれ道が、この瞬間に、あなたの目の前に現れています。

それは、この本の中に書かれていることが、人生が変わる「ちょっとしたきっかけ」の一つになりえるからです。

これから、自分の才能を見つけるために必要なノウハウについてお話ししていきます。

あなたが最初に思った通り、才能を見つけることは、簡単ではありません。しかし、あなたがイメージしているほど難しくもありません。

才能は普通にしていたら、なかなか見つかりません。それは日常生活では見つかりにくいようになっているからです。

あなたの才能を両親、あるいは兄弟姉妹や学校の先生が見つけてくれるとは限りませんし、就職先の上司や同僚が見つけてくれるという保証もありません。道を歩いていると占い師の人があなたを呼びとめて、「あなたの才能は○○ですよ！」と指摘してくれることもないでしょう。

才能は、いままでの人生と違うパターンで生きはじめたときに、偶然見つかるものです。

別の言い方をすれば、才能は、人生の地殻変動《ちかくへんどう》のようなことが起きて見つかるものです。その変化の多くは、興味深いことにネガティブなものです。病気をしたり、リストラされたり、離婚をしたり、人生にはつらいことが起きますが、そうしたときこそ、自分の才能が発揮されます。困窮して、初めて火事場の馬鹿力が出るのです。

たとえば、それまではセールスなんて考えたこともない主婦が、夫の失業で、保険のセールスをやらざるを得なくなった。ところが、そんな人がたちまち契約数がトップになったりするのです。また、勤めていた会社が倒産して、友人の会社で初めてコンサルタントをやってみたら、たちまち売れっ子になったりする人もいます。

彼らは、いままでそれを使ったことがなかっただけで、その才能は、ずっとあったのです。

才能を見つけるためには、刺激を与えなければいけません。その刺激があなたの深い心を揺り動かして、眠っている才能が出てくるのです。

おもしろそうだと思ったことは何でもやってみましょう。

それによって、あなたの人生は確実に動いていきます。

才能を見つける旅を楽しむには、軽いノリがとても大事です。また、一緒に旅する楽しい仲間もいるとより楽しいでしょう。

これまでのあなたの生き方を否定する必要はありません。

ただ、あらゆる場面で、いままでとは少しずつ違った選択をするだけです。それがかけ算となって、数年のうちにあなたの人生はまったく違うものになります。

最初のステップは、どんなものが来ても、「これ、自分の才能かも？」という可能性を見ることです。

さあ、あなたの才能を受け入れる準備はいいでしょうか。

才能を発見して磨いていく過程は、人間ができる、もっとも恐くて、そしてワクワクするものです。

これから、一緒に、人生最大の冒険に出かけましょう！

才能を見つけるために
してきたい17のこと

[目次]

4 失敗も、いい思い出になると考える……51

5 1日5分ワクワクすることをやる……61

10 面白いと思ったら、飛び込む

1

誘われたら、
とにかく行ってみる

才能を使う人生と使わない人生

あなたは、自分の才能を使って生きていますか?

才能を生かしていたら、毎日が楽しく過ぎていることでしょう。

才能をあまり使っていなかったら、イヤなことが日常的にいっぱいあるかもしれません。

才能を使って生きている人と、使っていない人の人生には、大きな違いがあります。

普通の人は、特に好きでもないことを、なんとなくやっています。なぜそれをやるのか、特に意味は考えないまま、忙しさに追われているというのが現状でしょう。

好きなことをやっている人の毎日は、面白いこと、楽しいことでいっぱいです。けれども、自分の才能が何かをわかっていない人は、たいして好きではない作業を、ただこなすだけで精一杯です。

なぜ、こんなにも、人生の様相が違っているのでしょうか？

それは、才能を見つけた人は、「自分の人生を面白くすることを優先」し、そうでない人は、「安全、安定を最優先」してきたからです。

学校選び、就職、結婚などで冒険しなかった人は、望み通りの安全や安定を手に入れたかもしれません。でも、人間の心理は面白いもので、安全すぎると退屈してしまって、こんどはスリルを求めたくなるものです。

あなたが、どこかで「自分の人生はこんなもんじゃないはず」と感じているなら、いまがそのターニングポイントかもしれません。

自分の人生を変えるのに、リストラされたり、病気になったりする必要はありません。自分の固まってしまっている生き方を動かしたり、揺らしたりしていけばいいのです。

新しいことをやる

あなたが、自分の人生を変えたいのなら、いままでやってこなかったことを始めるのが一番の早道です。

あなたが密《ひそ》かに「やりたいな」と思いながらも、今日までやってこなかったことは何でしょうか。

それをやってみることから、人生はゆっくりと、しかし確実に変わっていきます。それは、あなたの才能を開花させるきっかけにもなります。

とは言っても、「やってこなかったこと」を新たに始めるというのは、そう簡単ではありません。

私たちはたいてい、自分特有のパターンで生きています。

あなたが会社勤めをしているなら、決まった時間に会社に行き、遅くに帰ってくるというライフスタイルができあがっているでしょう。趣味があっても、休みの日にちょっとやるくらいでは、新しい人間関係も広がりません。「今年こそ、何か始めたい」と思っても、気がついたら一年が終わっていたというのが、いつものパターンではないでしょうか。

そのパターンを破って「新しいことをやる」のが、最初のチャレンジです。ふだんの自分なら絶対にやらないようなことをやってみればいいのです。

でも、そう頭ではわかっていても、なかなか自分からはできないものです。だから、誰かが何かに誘ってくれたら、その誘いにとりあえず乗ってみればいいのです。

そうした場所で、これまでに会ったことのない「面白い人」と時間を過ごすことで、自分とは違う生き方を知ることができます。

たとえば、サラリーマンの人が自営業の人に会ったり、自営業の人がビジネスオーナーに会ったり、ビジネスオーナーの人が自由人に会ったりすると、違った世界が見えてきます。自分が住んでいる世界とかけ離れた人と出会うことで、ふだん気がつかないことに気づかせてもらえるものです。

いろいろな職業の人たちと出会い、違う生き方、考え方を知り、「面白いな」と思ったことがきっかけとなって、自分の人生が思わぬ方向に変わっていくということがあるのです。

職業だけでなく、生き方のノリの違う人ともどんどん会っていきましょう。「世の中、お金が一番大事だ！」と豪語する人。世界平和を祈って、ボランティアをやる人。アートや音楽、演劇のために、生活のすべてを犠牲にする人。自分のお店に愛着をもって、週に2、3回は泊まり込んでしまうような人。アルバイトでお金を貯めては、海外に数ヶ月行って放浪する人。

そんなユニークな人たちと出会ううちに、自分の生き方の方向性も見えてきます。「ああはなりたくないなぁ」と思ったり、「あの人の生き方にはしびれる」と思ったりして、自分の好みも見えてくるのです。

まず「面白い人」に会うということを、ふだんから意識してみましょう。

違うライフスタイルに触れる

面白い人に会うメリットは、他にもあります。

あなたと服装が違う人、お金の得方が違う人というのは、考え方から生き方までが全然違います。

そういう自分とは違うライフスタイルの人に会うと、「自分はこれでいいのだろうか」と思うのと同時に、「何か違うことをやってみたいな」という気持ちが起こってきます。それが思わぬ才能を開くきっかけになるのです。

そんなきっかけをつくるには、ふだん行かない場所に行くことです。

たとえば、都市部でしか生活したことがないとしたら、週末、田舎に行ってみるのもいいでしょう。

ふだんなら行かない場所に行っていつもとは違う言葉を話すというのも、新しい自分に出会うチャンスです。

また、自分に分不相応なところに行ってみるのもいいでしょう。いつもなら入るのを躊躇《ちゅうちょ》してしまうような、高級な場所に行ってみるのです。あるいは、そういうところに慣れている人は、ふだん行かない安いところに行ってみるのもいいかもしれません。

旅行や出張でホテルに泊まるというとき、案外、いつも同じようなランクのところを予約してしまいがちですが、お金を貯めて高級ホテルに泊まってみたり、逆にユースホステルや民宿に泊まってみるといいのです。それぐらいだと「新しいことをやる」第一歩としては、試しやすいかもしれません。

ふだん自分がやらないことをやると、違うものが見えてきます。

そこで出会う人たちが、あなたの才能を開花させるためのいいヒントをくれるはずです。

出かけると、何かが変わる

誘われるままに気軽に出かけてみると、なんとなく引きこもっていた自分から、新しい自分に切り替わることができます。

パーティーに誘われても、躊躇してしまう人は少なくないと思います。映画、展覧会、講演会などに誘われても、なんとなく面倒で、「またこんどね」と言って断ってしまった経験は誰にでもあるでしょう。

私がいろんな人に聞き取り調査した感覚では、誰かに何かのイベントや会合に誘われた場合、80パーセントぐらいが、億劫《おっくう》だと感じるようです。

「できたら行きたくない」「家にいたい」「面倒くさいな」

そんな気持ちをもつものです。

けれども、結局断りきれずにしぶしぶ行ってみたら、「案外、楽しかった」と感じたりします。むしろ、そういうことのほうが多いのではないでしょうか。

行くときにはあまり気乗りしなかったけれど、行ってみたら行ってみたで、帰るときには気分がよくなったりします。それは、行く前の自分と、行ったあとの自分とでは、何かが変わっているからです。

「行ったらいい友達ができた」

「素敵な人と出会った」

「新しいことを学んだ」

「いろんな気づきがあった」

そうしたポジティブな変化が起きることで、楽しくなるわけです。

「将来、こんなことをやってみよう」「独立してみたいな」という夢につながっていくこともあります。

夢に向かって、「自分にもできるかもしれない」と思うことは、自分が知らなかった才能を見つけたともいえます。夢をもつことは、それまで思ってもみなかった才能を開花させるきっかけになるわけです。

ただし、人に誘われて出かけてみても、いいことばかりが起こるわけではありません。

自分とは違う生き方や考え方に触れて、平凡な自分、才能のない自分を思い知らされて落ち込むといったことはよくあります。

でも、そこで落ち込んだことがきっかけとなって、後《のち》に人生を変えることになるチャンスをつかんだりすることが人生の面白いところです。

「自分はなんて時間に不自由なんだろう」「なんてお金がないんだろう」「なんて制限的な生き方をしているんだろう」と気づくことで、「ああ、このままじゃイヤだ。もっと自分らしく生きたい！」と思いはじめるわけです。

たとえ落ち込んでも、それが人生を変える大きな力になりえることを覚えておいてください。

自分の中の何かが目覚めはじめる

新しいものに触れると、自分の中に長いこと眠っていた何かが起こされることがあります。

それはたとえば、人と話すときのノリだったりします。初対面の人と楽しく話したあと、「あれ？　業界の人とこんなに普通に話せる軽いノリの自分がいるんだ」ということに気がついて、自分でもびっくりしたりするのです。

あるいは、「一流の人たちとも、そんなに引けをとらないで話していたし、向こうにも、なんかこいつ面白いやつだと思ってもらえたんじゃないかな」と感じたりします。

そうなると、「自分にも何かできるかも」という思いが湧いてきて、そこから、以前とは違う「何でも挑戦してみよう」というノリの人間になっていくのです。

自分の本来の姿も、行動していくうちに出てきます。

たとえば、「大勢の人の前でもリラックスして話せる」というのが自分の本来の才能だとしましょう。そういう人が、人前で話すということをやりだしたら、すごくエネルギッシュになって、もっとやりたいと思うようになります。

そこから、いろんな機会をつかまえてスピーチをするようになり、自分の専門分野の講演を頼まれるようになったりします。

それまで人前で話すチャンスがなかったために、話す才能に気づかなかっただけで、いったんやりだしたら、止められないぐらい楽しい活動だということに気づくのです。

そうやって、プロのスピーカーとして活躍している人を私は知っています。面白いのは、最初は自分でもそんな才能があることに気がつかなかったという点です。

2

頼まれごとは
引き受けてみる

よく頼まれることは何ですか

あなたには、よく頼まれることがありますか。

あなたが日常生活を送っている中で何回も頼まれてしまうこと、それは、あなたの才能です。

それは、たとえば人前で話すことでしょうか。

パソコンのセットアップをすることでしょうか。

あるいは、何か、からだを動かすようなことでしょうか。

あるいは、何か情報や知識をほしいということでしょうか。

あるいは、人を紹介してほしいということでしょうか。

いずれにしても、2回以上頼まれることがあったとしたら、それはあなたの才能です。

誰かにものを頼まれるとき、「なんで自分なんかに頼むのかなぁ」と思うし、自分だと不十分じゃないかと感じる人が多いのではないでしょうか。

でも、そこは気軽にいけばいいのです。最初はお金をもらわずに、無料でやってあげればいいわけです。

お礼として、1回ごはんをご馳走《ちそう》してもらうかもしれないし、ありがとうと言われるだけかもしれませんが、その頼まれごとをやっていくということが大事なのです。

私が尊敬している作家に小林正観《せいかん》さんという人がいますが、彼は、頼まれごとは断らないと書いていました。

何もかも断らないというのは個人的にはきついと思いますが、頼まれたことをこなしていくと、それが、わらしべ長者のように何かにつながっていく可能性は十分あります。

よほど難しいことでなければ、頼まれごとは引き受けるようにすると、人生が面白くなっていくはずです。

たとえ「それは無理!」と思うことでも、引き受けることです。むしろ、そんな頼まれごとこそ、絶対に受けてみるほうがいいのです。

なぜかといえば、それが新しいチャンスにつながるからです。

私の例でいうと、20歳の頃、アメリカで、教会に集まった500人の人たちの前で講演してくれと頼まれたことがありますが、そのときは、依頼されただけなのに足が震えました。

そんなことは絶対に無理だと思いましたが、一晩悩んで、「失敗しても命まで取られるわけじゃない!」と覚悟を決めて、引き受けました。

その講演会の評判がよかったことで、次々と「うちの教会でも話してくれ」という依頼が舞い込み、その講演先の一つで、運命を変えるメンターに声をかけられたのです。

もしもあのとき怖くてやめてしまっていたなら、怖いけどやった人生とくらべて考えると、その後はまったく違ったものになっていたと思います。

頼まれごとは才能を見つけるチャンス

あなたが頼まれることは、あなたが得意でうまくできることです。自分では気づいていないだけで、まわりの人はみんな知っています。

考えてもみてください。あなたが不器用なのに「棚をつくってくれ」なんて言う人はいません。あなたがパソコンのことが全然できないのに「インターネットをつなぐ手伝いをしてくれ」とは言い出しません。

あなたがそれを上手にできると思うから頼むのではないでしょうか。

「人前で話してほしい」

「結婚式の二次会で司会をやって」

「料理を作ってくれたらうれしい！」

そんなふうに、日常的に友人や家族から言われているはずです。

先ほども言いましたが、彼らは、あなたがとてもうまくできると考えています。自分の結婚式の二次会を台無しにしてしまうかもしれない人には、司会なんて絶対に頼まないはずです。まずいものを作りそうな人に、料理をお願いしないでしょう。

だから、頼まれごとというのは、「あなたならきっとうまくできる」と思われたときにやってくると考えてください。

誰かに何かをしてほしいと頼まれたとしたら、それは、ほぼ間違いなくあなたの才能です。これまでの人生で、頼まれたことを思い出しながら整理していくと、あなたの才能を簡単に発見することができます。

人が何かを頼むというのは、あなたの才能を観察した結果です。あなたに何ができて、何ができないのかということを、まわりの人たちはよく見ています。

頼んでくることとは、その人にはできないけど、あなたには簡単にできること。それが才能だということを、自信をもって受け入れてください。

自分からは絶対にやらないことをやる

頼まれごとが面白いのは、ふだん自分からはあまりやらないようなことを頼まれる点です。

人前で話すなんて絶対に自分からはしないあなたがスピーチを頼まれたとしたら、まわりは、あなたにはそれができると思っていることになります。ただ、あなたは自分では才能だと思っていないので、最初は戸惑います。

才能は、自分から進んで開発しようと思っていない分野に、じつは、その可能性の芽があるともいえます。

だから、自分ではやらないようなことを頼まれたときこそ、絶対に引き受けなければならないと思います。

それが恥ずかしかったり、無理だと思ったり、不十分だと思ったり、誰かに迷惑がかかると思っても、声をかけてくれた人の判断を信じて、とにかくやってみてください。

「失敗しても頼んだほうが悪い」と開き直って考えるのも手です。

そして、一つ言えることは、恥をかいた経験が多ければ多いほど、才能というのは開花します。

私が学生時代に講演を頼まれたとき、英語でスピーチしたのですが、大失敗に終わったことがありました。そのときに、主催者の人が、「私が頼んだんだから、失敗したのは私よ。気にしないでいいよ」と言ってくれました。

いまから思うと、あんまり慰めにもなっていない言葉でしたが、ずいぶんそれで救われた気がします（笑）。その言葉を、「リスクを冒してよくやった」という褒め言葉だと、強引に解釈して受け取りました。

いま、毎月のように1000人の前で講演できるようになったのも、たくさん恥をかいたおかげです。

3

突き抜ける力をもつ

とにかく何かで自信をつけることが大切

才能と言われても、普通は、全然ピンと来ないという人が多いでしょう。

でも、「ちょっと得意なこと」ぐらいなら、思いつくこともあるのではないでしょうか。

才能を見つける最初のステップとして、「上手にできること」「楽しくできること」を探すのをおすすめします。

そして同時に、何でもいいから「これならうまくできる」というものを見つけると、その後の展開が楽になります。

たとえば、「人前で話すのだったら自信がある」とか、「パーティーの司会だったら任せて」とか、「人に人を紹介するのが大好き」とか、あるいは、「企画書なら何ページでも書ける」とか、自分が得意なことが自信のよりどころになります。

「自分が何をやりたいのかもわからない」「何が得意かわからない」「自分には何もできない」と感じて暮らすのは、寂《さび》しい生き方です。

どんな人にも、必ず何か才能があります。ただ、いまはまだそれが何かわからないだけだと考えましょう。

「最低、これだけのことなら自分でもできる」というものを見つけて、そのレベルを上げていけばいいのです。最初は、それが何でもかまいません。それを踏み台にして、次に上がればいいだけです。

たとえば、会社に入りたてのうちは、自分は誰よりも丁寧にコピーをとれるということでもいいのです。誰よりも早く電話に出られる、書類の整理がうまい、お茶を最高においしくいれられるということかもしれません。

「そんなことくらいしかできない」とあなたは思うかもしれませんが、そういうところから、だんだんレベルアップしていくと、それが自信になります。

自分の才能らしきものを見つける

才能を開花していく人たちは、ほかの人ができない何かに気づいた人です。
それは、たとえば次にあげるようなことです。
人前で話しても緊張しない。
何百人の前でも自由に話せる。
文章を何時間書いても大丈夫。
人と延々何時間も話をして、まったく会話が途切れない。
その人の話を聞いたら、相手が涙する。
ありあわせの材料で、夕食を作れる。
そうした、ちょっと難しいことだけど、その人にとってはごく自然にできること、それが才能です。

その才能らしきものというのは、何かをやり続けて、初めて出てくるものです。

たとえば、人の話をとことん聞いてみる。

あるいは、文章をどこまでできるか書いてみる。

いろんな料理を作り続けてみる。

行動していくことで、「これって才能かな？」と感じるものが浮かび上がってきます。そして、その自分の中の最初の才能らしきものを磨いていくことです。すると、そこから才能の片鱗《へんりん》が見えてきます。

別のアプローチでは、楽しいことを突き詰めていくという方法もあります。

才能を開花させて生きている人は、とにかく楽しいことをやっています。

あなたが楽しいこと、これだったらワクワクしてしまうということをやっていくと、才能が出てきます。

たとえば、ゲームをやって徹夜してしまう。

あるいは本を読んで徹夜してしまう。

パーティーでメチャクチャはしゃぐ。

誰かの話を全身全霊で聞く。

とにかく、そうしたことを、あり得ないぐらいまでやってみると、自分の才能らしきもののかたちが見えてきます。

他よりも突き抜ける力をつける一番のポイントは、それをしていて、時間を忘れるかどうかです。

どんな人にも、これまでの人生で、つい時間を忘れてやってしまったことがあるでしょう。

あなたにとって時間を忘れるぐらい、はまったことは何でしょうか。

それが、あなたの才能である可能性があります。

時間を忘れてやってしまうようなことの周辺に、あなたの才能が眠っているのです。それをとことんやってみると、たぶん才能らしきものの姿が見えてきます。

突破できない壁が見えてきたとき

突破できない壁が見えたとき、それは、その人の才能がいよいよ表に出てくる直前のタイミングだと言ってもいいでしょう。

もう自分では無理だとか、才能がないと思ったら、そこが最後の難関だと思ってください。

そこを乗り越えた人には、才能がギフトとして与えられますが、そこであきらめてしまう人は、普通の人生に逆戻りです。

もうダメだ、もう自分には無理だと思ったとき、目の前には、高い壁が立ちはだかっているように感じるかもしれませんが、それを突き抜けられた人にだけ与えられるのが、才能なのです。

才能がなければ、壁にもぶち当たりません。しかし才能があると、自分の限界が見えたり、ほかのもっと才能にあふれた人を見て落ち込んだりするのです。その才能が見えること自体が才能なのですが、当人にはとてもそんなことを思う余裕はありません。

壁にぶち当たるとき、それは、昆虫やカニなどの甲殻類《こうかくるい》の生物が脱皮する前の状態と似ています。あなたが、いままでのサイズではいられないことがはっきりしただけです。

この壁を乗り越えて、「自分はどう大きくなるのか」を考えていけばいいのです。

4

失敗も、
いい思い出になる
と考える

失敗で人生を止める人、進む人

人生に失敗はつきものです。興味深いのは、失敗によって人生を止める人がいれば、失敗によって一まわり大きくなる人もいることです。

私は、これまでたくさんの人を見てきて、この両者の差は非常に微妙な差だなと考えるようになりました。

幸せに成功している人は、失敗に対して普通の人とまったく違った感性をもっています。

失敗というのが「一時停止」のサインと考えるのか、「通行止め」のサインと考えるのかで全然違ってきます。

人によっては、それをUターンせよという意味だととらえるでしょう。

失敗に関するトラウマが多ければ多いほど、失敗を通行止めのサインとしてとらえるのではないかと思います。

あなたが小さいときに、失敗して両親に怒られたり、学校の先生に怒られたり、イヤな体験をした場合には、失敗イコール死を意味するかもしれません。

失敗を怖がる人は、子ども時代に両親のどちらかに、失敗したときに肉体的、精神的な虐待《ぎゃくたい》を受けたことがあるケースが多いようです。

失敗したことでひどく怒られたり、罰せられたら、もう二度とそんな目にあいたくないと感じるのは当然です。

それで、できるだけ失敗をしない人生を選ぶことになります。

幸せに成功している人にとって、失敗は何でもありません。

もっと反省しろと言われるぐらい、失敗に対して前向きです。

なぜかというと、失敗は一時停止のサインであって、車が通っていないことが確認できたら、「また進んでよし」と解釈するからです。

失敗によって、人は新しいことを学びます。

だから決して、それは人生の敗北を意味するわけでなく、うまくいかなかったやり方を一つ余分に学ぶだけのことです。

また、失敗は、別のものの見方をするチャンスを与えてくれます。

たとえば、経済的に失敗をしたときには、こういうことをやると経済的に損をするということを学べるし、男女関係で失敗をしたとしたら、こういうことを言うと、あるいはやると、男女関係で不幸になるということが一つ学べたわけです。

それを糧《かて》に、また一まわり大きい人間として前に進むのか、あるいは、また同じ失敗を繰り返してドツボにはまるのかです。

「もう二度と男女関係なんかごめんだ」といって、その道をあきらめてしまう人もいます。でも、そんなふうにあきらめてしまったら、あなたの人生は、そこから広がっていくことはありません。

最悪なのは、失敗を怖がって、始める前からあきらめることです。失敗する可能性があるから人生を止めるのは、あまりにももったいなすぎます。

才能を発見する旅は、失敗の連続

才能を見つける旅に出ようとする人は、できれば、失敗したり格好悪い目にあいたくないと考えがちです。

しかし、自転車に初めて乗れるようになるまでに、一度も失敗しなかった人はいなかったはずです。何度もこけて痛い目にあったことでしょう。

才能を見つける過程で、あなたは自転車に乗れるようになるまでに転んですりむいた回数の何倍も、痛い目にあうことになるでしょう。

しかし、何度も転ぶことがあらかじめわかっていれば、最初に失敗しても、そこまで気落ちすることはなくなります。

「自分の才能って、こんなものかな?」と思っても、すぐには、本当に才能かどうか、わからないものです。また、「これだ！」と思って飛びついたのに、全然たいしたことがなくて、がっかりすることもあります。簡単に決めつけないことです。

すりむいたり、あざができたりして、「自分には向いていないんじゃないか」と思いながらも、それでも、やめることができず、また挑戦してみたい分野がきっと出てきます。どうしても、あきらめきれないようなことです。

それは料理かもしれませんし、歌かもしれませんし、ビジネス、教育、医療かもしれません。

あきらめが悪い分野は、間違いなく、あなたの才能がある場所です。

何度転んでも、挑戦しつづけてしまうぐらい情熱がある分野を探してください。

傷が治った頃にようやく、「才能」として花開くこともあります。

あなたにとって、どうしてもあきらめきれない分野は、どこでしょうか？

失敗の意味

才能を見つける過程で、失敗の意味を再定義することは、とても大事です。

多くの人は失敗をすると、そこで物事が完了したととらえます。

たとえば、事業で失敗した場合には、事業家に向いていない、イコール、どこかに勤め直すという選択もあるかもしれません。けれども、1回事業に失敗したからといって、2回目、3回目も失敗するとは限りません。

特に起業が盛んなアメリカでは、1回失敗したということは、まったく失敗していない人よりもより賢いはずだと見なされます。

失敗の仕方にもよりますが、上手に失敗することができれば、2回目、3回目のチャンスが出てきます。

そのためには、自分の失敗から逃げないことです。

自分の失敗から目をそらさずに、しっかりと向き合える人は、2回目、3回目、4回目の挑戦で必ず成功します。

あなたは、これまでどういう失敗を体験してきたでしょうか。

お金、人間関係、仕事、男女関係、家族などの分野で、あなたの失敗だと思うことを書き出してみましょう。

そして、それが自分にとって、どういう意味だったのかを見るのです。

ネガティブなレッスンとポジティブなレッスンの両方を書き出してみましょう。そうやって「自分にとって失敗とは何なのか?」を再定義することによって、より自由に前に進むことができるようになるでしょう。

失敗を楽しめるのが大人

あるメンターに、「失敗を楽しめるようになって初めて大人になったと言える」と教えられたことがあります。

たしかにそれまでの私は、失敗すると激しく落ち込むか、自分を否定するかのどちらかでした。

けれども、その言葉を聞いてから、失敗と思えるような現象が起きたときに、より冷静にそれをとらえ、そこからどういうレッスンを学べるかがわかるようになりました。そして、何度か繰り返すうちに、失敗を楽しめるようになってきました。

なぜなら、老人ホームで、一番盛り上がるのは、若い頃の派手な失敗話を自慢し合うときだからです。その思い出を、いまつくっていると思えば、苦しいながらも、楽しめる自分がいます。

「失敗」イコール「人生の罰点《ばってん》」と思う人は、そこからほとんどレッスンを学ぶことができません。

あなたは人生で、これから間違いなくたくさん失敗します。

そのときに、失敗するとダメだ、失敗するのが怖いと思って、最初からトライしないのか、失敗することを前提に前に進んでいくのかで、人生は全然違うものになります。

たとえばハイキングに行くときに、雨が降りそうだから行くのはやめようというのが大半の人の生き方です。でも、雨が降るんだったら、傘かレインコート、カッパを持って行けばすむことです。

「雨に濡れたら濡れたで楽しそう！」と思えるかどうかです。

雨が降るからといって、人生で歩みを止める必要はまったくありません。

5

1日5分
ワクワクすることをやる

あなたは毎日どれぐらいワクワクしていますか

人生は毎日の積み重ねでできています。

同じように、毎日の積み重ねは、その日をどうやって過ごすかによってできています。時間の過ごし方がつまらないものであれば、その日はつまらない日になりますし、楽しい時間を過ごすと、その日は素敵なものになります。

あなたは毎日どれぐらいの時間ワクワクして過ごしているでしょうか。あるいは、1日のあいだ、どれだけ慌《あわ》ただしさに追いかけられているでしょうか。

あなたの毎日が忙しさでできていたとしたら、あなたの人生は忙しいものになっていきます。

あなたが毎日楽しくワクワクしていたとしたら、あなたの人生も同じようになります。

このことに直面すると、多くの人はがっかりするかもしれません。

なぜかというと、ほとんどの人たちの人生は、毎日やらなければいけないことに追いかけまわされて、イライラとマイルドな絶望感とのあいだに埋もれているからです。

だからといって、絶望する必要はありません。

あなたは自分の人生をコントロールすることができるからです。

そのためには、自分が将来どうしたいのかということを考えることからスタートします。

あなたは毎日どんな生き方をしたいでしょうか。どのような場所で、どんな人と、どういうことをやれば楽しいのでしょうか。それを考えてみましょう。

あなたが本当にワクワクすることは？

先ほどイメージしていただいたものをもう少しはっきり見ていきましょう。

あなたは朝起きるとき、どんな感じで起きたいでしょうか。

日中、時間を過ごすとき、どこで過ごしたいでしょうか。

誰と何をやれば、あなたの人生は理想になるのでしょうか。

多くの人は、こういったことに関してあまり考えていません。

昨日やったのと同じような生き方を、今日もすることになります。

なによりも悲劇なのは、そんなに嫌いでないことをやっているにもかかわらず、自分の心構えがずれているので、それを１００パーセント楽しめないことです。

あなたの「仕事」を例にとってみましょう。仕事を「家事」に置き換えてもいいでしょう。

ひょっとすると、学生の人は「勉強」に置き換えてください。あなたがいま置かれている状況は、あなたの理想に近いことかもしれませんが、あなたが日常的に感じている不平不満がその満足度を下げている可能性があります。

たとえば、自分が与えられている仕事の量が多いために、だいたい好きなことをやっているにもかかわらず、不満を感じているかもしれません。

自分がやりたいことをやっているのに、一緒に働く仲間が悪いので、毎日がイヤだと思っているかもしれません。

嫌いじゃないことをやっているのに、場所が悪いために、仕事の内容が悪いと思っているかもしれません。それを正確に見ていって、本当にワクワクすることは何なのかということを考えてみましょう。

あなたのワクワクは、才能の入り口

あなたがワクワクすることとは、あなたの才能の入り口です。なぜなら、そこからあなたの才能への道がスタートするからです。

人前で話すことがワクワクすることなら、あなたには、講演者としての才能があります。その才能を磨いていくうちに、説得する才能、人を楽しませる才能など、次々と新しい才能が見つかっていきます。

そういう点では、ワクワクすることとは、あなたの才能を見つけるために必要なナビゲーションシステムと言えるでしょう。なぜなら、それを追いかけていくと、必ずあなたの才能が芋《いも》づる式に出てくるからです。

才能は、面白いことに、数珠《じゅず》つなぎにつながっています。一つの才能が開花すると、伝染するように、どんどんほかの才能も開花していきます。いったんこの連鎖反応が起きはじめると、誰も止められなくなります。それは、才能は条件さえ整えば、自動で開くようにプログラムされているからです。

その条件とは、情熱、環境、タイミングです。才能は一定の情熱がないと、温まりません。また、環境がないと、パッとは咲かないのです。

生活のためにセールスをしなければいけないなどの環境が整って、初めて物を売る才能が出てきます。

条件として、なによりも大切なのが、タイミングです。

人生では何でもそうですが、ベストのタイミングというものがあります。その条件が整って、初めて物事がうまくいくということがあるのです。才能が開花するときは、まさしくそんな感じで、あなたにもきっと、そのタイミングはやってきます。

ワクワクしていることを追いかけていくと、そのうち、才能に出会えるようになります。

1日5分から始めよう

こんどは、あなたが一番ワクワクすることを考えていきましょう。

あなたがワクワクすること、それがなんであれ、1日5分やってみましょう。

好きなことをやりたいけれど、いまはできないという人は、時間がないからできないということを、言いわけに使いがちです。

「時間がない」

本当にそうでしょうか。

どれだけ忙しい人も、1日5分ならできるはずです。

理想を言えば、それを6分に増やし、7分に増やし、10分に増やし、30分やってみましょう。

最初のうちは、5分もとれない感覚があるかもしれません。でも、そのうちに弾《はず》みがつくので、それが1時間、2時間になり、そのうち起きているあいだ、ずっとワクワクする生活にシフトしていくことも可能です。これはあなたしだいです。

ワクワクすることを少しずつでもやっていくことのいい点は、あなたのエネルギーレベルが上がっていくことです。

楽しく毎日を過ごせるようになると、まわりからチャンスがやってきます。面白い情報も入ってきます。そのうちに「こういうことがやりたかった！」と思うような仕事の依頼がやってきたり、転職のチャンスがやってきます。

人によっては、独立のチャンスかもしれません。そのときに、ふだんからワクワクすることをやって、フットワークよく動けるようになっていなければ、つかめるチャンスもつかめません。

そのためには、心が少しでもワクワクすることには飛び込んでいくというノリで、楽しいことを毎日やってみましょう。

6

自分を調子に乗らせてあげる

あなたが調子に乗るときは？

あなたはふだん調子に乗ることはありますか。

学生時代には、ときには羽目をはずすことはあっても、あなたが就職して3年もたてば、もう調子に乗って何かをするということは滅多《めった》にないかもしれません。

たまに、気分がうきうきして、つい冗談を言ってしまったり、ということもあるでしょうが、そんなときには、なんとなく周囲から顰蹙《ひんしゅく》を買ってしまうのではないかと不安になって、すぐに普通の状態になってしまうのではないでしょうか。

どんなまじめな人にも、たまにはつまらないダジャレを言ってしまうようなハイの状態はありますが、たいていそれは長続きしません。

一方で、幸せに成功している人は、ふだんから「自分を調子に乗らせる」ことを上手にやっています。大好きなことをやって自分を「楽しくてしょうがない！」という気分にさせているのです。

友人たちとの気の置けない集まりなんかだと、馬鹿騒ぎして、調子に乗っても許されます。そういう自分を無防備に出せる場所をもつことは、才能を引き出す力になります。

気の置けない仲間、羽目をはずせる環境、ワクワクすることなどをうまく自分に与えてみると、自由に発想したり、行動したりする本来のあなたが出てきます。一定期間その状態をキープできると、そこから才能らしきものが、自然と前面に出てきます。

それは、楽しい、ワクワクするノリのリズムが出てきて、初めて実現します。いろいろ知恵を絞って、「楽しくてしょうがない！」という状態をつくりだしてみましょう。

才能のある人は、上手に調子に乗っている

才能を使っている人を観察すると、彼らが楽しいことをワクワクしながらやっていることがわかります。

次から次へと新しいプロジェクトを思いついて、実際にどんどん実現していきます。

普通の人がお金や時間のせいで「できない」と思うことも、クリエイティブに問題を解決して、成功させていくのです。

そういう意味では、彼らは、上手に自分を調子に乗らせているのです。

どんな新しいことも、なにもかもうまくいくということはありません。大きい小さいはあるにしても、なにかしらの問題が出てくるのが、プロジェクトと

いうものです。

宮崎駿《はやお》さんがあるインタビューで「大事なものは、たいてい面倒くさい」と語っていましたが、才能を発揮できる分野でも、面倒なことは出てきます。

そうしたときに、「だったら、やめた」というのは簡単ですが、そこで、いかに自分を楽しませるかを知っている人が、才能のある人であり、それを花開かせる術《すべ》を身につけている人ではないかと私は思います。

自分を上手に調子に乗らせてあげていくうちに、才能は開花していきます。

それは、楽しくてワクワクしてやっていると、自然といい調子になってくるからです。

あなたがいい感じで調子に乗ることで、人を喜ばせながら自分でも楽しむのがライフワークだとしたら、最高だと思いませんか？

あなたが調子に乗ってしまうぐらい楽しいことは？

あなたは小さい頃、どんなことをやって怒られましたか。

それは、はしゃぎまわったことでしょうか。ペチャクチャしゃべったり、大声を出したことですか。それとも、場所もわきまえずに歌ったことでしょうか。

あなたは、悪いことをしているつもりではなかったでしょう。

ただ、幸せや喜びを表現したくて歌っただけで、まわりの人に迷惑をかけるなんて、思いもしなかったのです。

でも、調子に乗って怒られたことで、それは悪いことなんだ、自分は悪いことをしてしまったんだと傷ついたはずです。その傷を癒《い》やしてあげませんか。

目をつぶって、調子に乗って怒られてショボンとしている自分を抱きとめて、

「あなたは悪くないんだよ」ということを言ってあげましょう。

そして、その子を抱きしめながら、「もっと調子に乗りなさい。もっとはしゃいで歌ったり踊ったりしてもいいんだよ」ということをイメージの中で言ってあげてください。

それだけで、ずいぶん、スッとするでしょう。

あなたが最後に調子に乗ったのは、いつでしょうか。

人によってはもう何十年も調子に乗っていないかもしれません。

お調子ものの若い人は、つい先週も調子に乗って、上司に叱られたばかりかもしれません。

人に笑われたり、揶揄《やゆ》されたりするとしたら、それはあなたが本当の意味で調子に乗っていないからです。

退屈な人生を送っている人が羽目をはずすというかたちで調子に乗るから、顰蹙《ひんしゅく》を買うのです。

幸せな調子の乗り方というものを、あなたのバージョンで考えましょう。

あなたを調子に乗らせるために必要なもの

調子に乗るのが悪くないということはわかった。でも、30歳を過ぎて、40歳を過ぎて、50歳を過ぎて調子に乗るのは、「ちょっと恥ずかしいなぁ」と感じる人も多いでしょう。それは、自意識が過剰になっているせいです。

調子に乗っているときは、ある意味で他人の目は気にしていません。

あなたが調子に乗るためには、何が必要なのでしょうか。

ある人に聞いてみたら、赤いスポーツカーだという人もいましたが、車を買うのは余裕がなければおすすめできません。けれども、レンタカーを借りるという方法はあるかもしれません。

自分が調子に乗るために必要なものや、環境はどういうものでしょうか。

それを書き出して、お金のかからないものから順番にやってみてください。

人によってはサングラスをかけると、なんとなくワルになったような気持ちで、ズケズケとものを言えるようになる人もいます。

人によっては、髪の毛を茶髪や金髪に染めることかもしれません。

人によっては、派手なアクセサリーを買うこと。

人によっては、ミニスカートをはくこと。

人によっては、レオタードを買うこと。

人によっては、万年筆を買うこと。

人によっては、パソコンを買うこと。

人によっては、海外旅行に行くこと。


あなたが調子づいてしまうぐらい楽しいことは何でしょうか。

きっとそれはあなたの才能に導いてくれることでしょう。

7

友人3人に
「面白いことない?」と
メールする

友人はあなたのネットワーク

友人はあなたの代わりに、あなたにとって必要な情報をキャッチしてくれるアンテナのようなものです。

あなたと友達が興味の対象が似ていたら、友達は素敵なパートナー候補を見つけたり、人生を変えるチャンスを見つけたりしてくれます。

あなたの友人のアンテナに引っかかったとしたら、それはもうあなたのものなのです。

逆にあなたのところに来た面白い情報も同じです。「友達にとって、これはいい情報じゃないか」と思うことは、すぐさま、その友人に教えてあげてください。

それがきっかけとなって、その友人の人生が劇的に変わる可能性もあります。あなたが25年以上生きてきたとしたら、そういうふうな体験もたくさんあるのではないかと思います。

あなたの友人はあなたの代理人として、あなたのためにいろいろなものを拾ってきてくれます。

自分はどういう人と出会いたいのか、どういうことに興味をもっているのか、何をやりたいのかということを友人やまわりの仲間たちと、ふだんから語り合っておくのは大事です。

それをしておくことで、お互いのアンテナが立っていきます。逆にいえば、そういうことをしていないと、あなたの欲しい情報が、友人たちのアンテナに引っかかることもないわけです。

たとえば、海外留学を考えていたとしたら、「海外に留学したい」ということを言っておくと、奨学金の情報を、友達の友達から聞きつけた友人から教えてもらえたりします。実際に私の友人はそうやってアメリカに留学した体験をもっています。

あなたの友人の数が多ければ多いほど、そして、関係がより深いほど、このアンテナの精度は高まります。

これが単なる知人程度だと、あなたのアンテナはたいして機能しないことになります。

自分の才能を見つけて開花させるには、たくさんの情報が必要です。

いい情報をキャッチできるかどうかは、どれだけのアンテナをもっているかにかかっています。

人生で大切なものは友人からの紹介が多い

これまでたくさんの人にインタビューしてきて思うのは、人生で最も大切なものほど、友人たちから紹介されているということです。

たとえば、仕事、就職先、独立するネタも、友人から紹介されてうまくいっているケースが一番多いです。

恋愛関係でも、いきなり電車で足を踏まれてつき合うなどということはなくて、友達の紹介というのが、一番ごく自然に知り合うきっかけではないでしょうか。

あなたにとって仕事、出会い、お金、ビジネスのチャンスも、考えてみると、友人からの紹介が多いはずです。

実際にあなたの人生で最も近い友達の名前を5人あげて、彼らから、どういうものをもらったのか、彼らにどういうものを与えたのかを書き出してみてください。

そうすると、たとえば、親友が奥さんを見つけたのは、自分がきっかけだったということを思い出します。

あるいは、自分のいまの就職先が見つかったのは友達の一言のおかげだったというようなことがわかってくると思います。

友人を大切にしなくてはいけないというのは、そういうことなのです。

そうやって、改めて確認していくと、じつは素晴らしいものがいっぱい友人から来ているということがわかるでしょう。そして、あなた自身もまた、まわりの友人を豊かに楽しませる一翼《いちよく》を担《にな》っていることに気づくのではないでしょうか。

つい仕事や家事に忙しくなってしまいがちだと思いますが、ぜひ友情のメンテナンスにも気を配ってください。

▽友人からもらったものリスト

▽友人にあげたものリスト

誰とつき合うかで人生は決まる

前ページの「友人からもらったものリスト、あげたもののリスト」を書いていくと、そこには、いいものだけでなく、悪いものもあるということに気づいたかもしれません。

たとえば、浪費癖《ろうひへき》とか怠《なま》け癖《ぐせ》とかは、たいてい友達経由で身につきます。

あなたの人生最大の失敗も、友達経由で紹介されたビジネス、あるいは投資かもしれません。男女関係でも、友達が理由でうまくいかなくなったことがあるんじゃないかと思います。

そうやって考えると、あなたが誰とつき合うかで人生は決まるといっても過言ではないでしょう。

ある統計によると、私たちの幸せ度は、つき合っている20人の人たちの幸せ度に強く影響されているそうです。

つまり、あなたがふだんつき合っている人たちが幸せなら、あなたも幸せな人生を送っているし、ふだんつき合っている友達が経済的に豊かなら、あなたも豊かな生活を送っています。あなたがパートナーシップに恵まれているとすれば、まわりの友達も恵まれているだろうし、あなたがずっとパートナーを探しているなら、友達もパートナーを探している可能性が大です。

実際に私の講演会の中でアンケートをとってみると、お金にもパートナーシップにも縁がない人たちは、そういう人たちとつき合い、結婚生活がうまくいっている人は、まわりの結婚生活もうまくいっていることがわかります。そして仕事に恵まれていない人は、仕事に恵まれない友達とつき合っているのです。

人生をコントロールするのはなかなか難しいと思うかもしれませんが、一番簡単なのは、つき合っている人を変えることです。それはあなたの選択しだいでいくらでも可能です。

才能ある友人とつき合うと、才能が開花しやすい

「類は友を呼ぶ」ことがはっきりイメージできたと思いますが、同じことが才能に関しても言えます。

才能という観点から見ると、才能にあふれる人のまわりには、同じように才能にあふれた人がたくさんいます。

逆に、普通の人のまわりに、才能のある人はなかなかいません。

それは、才能のある人がお互いを引きつけた側面もありますが、お互いの才能を引き出したというほうが、より正確でしょう。

石ノ森章太郎や赤塚不二夫など、のちにそこに住んでいた全員が有名になったトキワ荘の若き漫画家の卵たちは、お互いにすごい刺激を与え合ったはずで

す。

そのうちの一人がエッセイで書いていましたが、夜中の2時に寝ようと思ったら、隣の電気がついていて、ここで寝たら負けてしまうと思って、それからもう一仕事したそうです。

この例のように、才能のある人たちが集まると、お互いが切磋琢磨《せっさたくま》することになります。

一方、怠け者の友人をもつと、ちょっと一生懸命に何かをしようとすると、「おまえ、一人だけ頑張るなよ、飲もうぜ」と飲み屋街に連れて行かれてしまったりします。

才能のある友人と一緒にいると、自然と啓発されます。そして、インスピレーションをお互いに与え合うことができます。

才能を開発するためには、よき友人をぜひ見つけて、友情を育んでください。

彼らとのつき合いは、あなたの人生の宝となるでしょう。

8

同じ匂いの仲間を探す

あなたの友人は何人いますか

あなたには友人と呼べる人が何人ぐらいいるでしょうか。

知人ではなく友人です。

友人というのは、あなたのことをよく知っていて、そして、あなたも相手のことをよく知っているという関係です。

何回か会ったというだけでは、単なる知人です。

友人というのは、年に何回も会ったり、あるいはあまり会わなくても同じ価値観を共有できる人です。

友人にはいろんな種類がいます。

過去を共有している同級生という友人もいれば、現在一緒に仕事をしている同僚という友人もいる。未来を共有しているような仲間もいると思います。それぞれに友情の種類が違ってきます。

過去を共有している友人とは、独特の感情を共有しています。たとえば、同じ小学校に行った友人や部活が同じだった友人とは、一種戦友のような絆《きずな》があります。地獄の特訓を一緒にくぐり抜け、馬鹿騒ぎした仲間とは、昔話で盛り上がれます。数年ぶりに会っても、ほとんどブランクを感じません。お互いに、一生つき合うという感覚があると思います。

一言で、同じ友人と言っても、現在を共有する友人もいます。彼らとは、いま、たまたま同じ職場にいるだけだったりします。こういった友人は、会社を辞めてしまったり、転職すると、数ヶ月や数年で、まったく他人になってしまう可能性があります。

盛り上がれるのは、なかでも未来を共有できる友人です。

なぜなら、これから関係が開いていくからです。こういう友人とは、夢を語り合ったり、楽しいプロジェクトをプランすることで、ワクワクした時間を共有することができます。

けれども、プロジェクトがなくなると、この人たちとも深い関係にはならず、ただ挨拶《あいさつ》する程度になる可能性もあります。

あなたがどれぐらい深い友情をもちたいのか。そして、何人ぐらいの人と、そういう深い友情をもちたいのかということを考えてみましょう。

ほとんどの人たちが2、3人の友人をもち、そしてその他大勢の知人レベルの仕事の関係者がいて、その人たちは、あなたの食べ物の好みから異性の好み、そして、インテリアの好みまで知っていることはありません。

あなたが食後にコーヒーを飲むのか、紅茶を飲むのか、あなたがお肉を選ぶのか、魚を選ぶのかぐらいまで知っている人が友人だと言えるでしょう。

友人なら、あなたの趣味は何か、どういうことに興味をもっているのか、家族構成、学歴、出身地ぐらいは知っていると思います。

友人が多ければ多いほど、つき合いは広がっていきます。そして、あなたのところにもたらされる情報やチャンスも、友人の数と質に比例します。

自分の道を探すときに、友人は支えになる

自分の才能を見つける旅は、孤独な旅でもあります。

なぜかというと、常に自分と向き合わなければならないからです。

自分の才能を探して、それを見つけて磨《みが》きをかけようということを目指す仲間は、あなたの一生の友人になれる可能性があります。

それは、人生で最も楽しいときと最も苦しいときを共有できるからです。

あなたが自分らしく生きようと思ったとき、何人の仲間と支え合えるのかが、あなたの旅を楽しくするかどうかを決めるでしょう。

多くの人は、一人で旅に出ます。

そして、そのあまりの道の険しさに、自分にはとても無理だと思って途中で

道を引き返してしまいます。

もし最初から楽しい友達と一緒にいたとしたら、チームワークで崖《がけ》を登ることもできるし、壁を乗り越えることもできるし、くじけそうになったら、お互いにサポートし合ったり、励まし合ったりすることができます。

人生を登山にたとえるならば、一人で黙々と登るのか、あるいは、みんなで歌を歌いながら、ゲームをやりながら登るのかです。

仲間と登りたいと思ったら、どんなメンバーにしますか?

彼らの性格は、どんな人がいいですか?

年齢や職業は?

どういうノリの人たちがいいでしょうか。

どんなことをおしゃべりしながら、登りたいでしょうか。

どういう仲間と一緒に山登りをするかで、全然楽しさが違ってきます。

友人が親友に変わるとき

あなたには何人の親友がいますか。

ある統計によると、ほとんどの日本人は、親友と呼べる存在がいないと答えています。

親友がいると思える人は非常にラッキーなのではないでしょうか。

けれども、自分は親友だと思っていても、本当は親友ではないということもあります。

フェイスブックで「いいね」を押してくれるぐらいで、親友だと勘違いしてしまう人もいます。

友人と親友の大きな違いは、友人はお互いの境界線を大事にしますが、親友はまったく、それを無視することです。

親友はそれだけ身近な存在なのです。

友人は、たとえば、つき合うべき人でない人とつき合っているときにも、いい彼氏だね、いい彼女だねというふうなポジティブなことしか言いません。

そういう場合、親友ならば、「絶対に別れるべきだよ！」と言ってくれます。自分のことのように境界線を大きく乗り越えて、土足で自分の人生に入ってくるような人が親友です。

人生の幸せの一つに、友人だけじゃなくて、親友を何人もてるかがあると思います。お互いの人生に干渉し合えるような深い関係をもてた人は幸せです。

どんなに愛し合った二人でも、友人どころか知人レベルになっている夫婦がたくさんいます。

お互いの関係を親友レベルに保つことはそれだけ難しいのです。

あなたに親友がいたら、その人を大切にしましょう。

まだ親友と呼べるような人が自分にはいないという人は、これからでも、そういう人にめぐり合う可能性があることを知っておきましょう。

それが、あなたがまだ気づいていない才能に出会うきっかけになるかもしれません。

そして、積極的に、友人の境界線を越えて、親友を探してみてください。いやがられることもあるかもしれませんが、きっと、あなたの気持ちに応えてくれる人が現れます。

20人にアプローチして、そのうち1人でも、一生つき合える親友が得られたら、ものすごくラッキーです。

ぜひ、親友探しを才能探しと同じぐらいの優先順位でやってみてください。きっと、親友の存在は、あなたの人生を豊かにしてくれるでしょう。

親友はどうすれば見つかるか

親友は、リスクを冒すことによってしかできません。

それは、ＴＰＯをわきまえる必要はありますが、あなたが友人の境界線をどれだけ積極的に越えるかということです。

その人が親友レベルの関係を求めていないときには、あなたは空気を読めていない人物になります。

けれどもその人が親友レベルの関係を求めているとき、相手もあなたの深いところまで土足で入ってきます。

そうやって土足でお互いの領域を侵《おか》し合えるぐらい心が許せるようになった瞬間、親友が誕生します。

こればっかりはタイミングもあるかもしれません。

落ち込んでいるときに、土足でズカズカ入ってくる人のことは、あなた自身、親友ととらえるよりは、失礼な人だととらえることのほうが多いのではないかと思います。

けれども、その人は空気を読めていないところがあるかもしれないけれども、自分のことを本気で思ってくれているんだと感謝するところから、友人が親友に変わってきます。

ときには、それをすることで、嫌われることがあるかもしれません。

そういう嫌われるリスクを冒すことができるというのも、親友の条件です。

人は困っているときほど、気持ちが狭くなりがちです。

いつもなら流せるようなことも、ついつい、こだわってしまうことがあります。

親友候補の友人が、嫌われるリスクも顧《かえり》みずにしてくれた行為に対して、あなたは「こいつ、空気読めていない」と思うかもしれません。

また、たとえ助けてほしいと思っても、それを口に出して言えないことは、それ以上に多いでしょう。

言えないだけでなく、「助けるな」オーラを全開に出していることさえあります。でも、そんな「助けるな」オーラを乗り越えて助けに来てくれる人が、親友になれるとも言えるわけです。

親友は、相手の遠慮を気にせずに駆けつけられる人です。

アポなしで、いきなり自宅に来るような図々しさがあります。

特に相手が困っていたり、弱っていたり、悲しんだりしているときに飛び込んでいける人は、親友をつくることができます。

あなたには、アポなしで会える親友は何人いますか？

また、何人ぐらいが、何の連絡もなしにフラッとあなたのところに来てくれるでしょう？

9

夜寝る前に
楽しいことを考える

あなたが楽しいと感じることは才能

あなたには、ふだん何か楽しいと感じることはありますか。

あなたが楽しいと感じることは、間違いなくあなたの才能です。

時間があったら、つい考えてしまうこと。それはあなたの才能ですが、ほとんどの人たちは、それを妄想と勘違いしています。

自分がステージの上で歌うことを夢見たり、あるいは、自分の書いた本が本屋さんに並んだりすることをイメージする人はいると思いますが、同時に、自分には絶対そんなことは無理だな、と考えているのではないでしょうか。

たしかに、いきなりあなたが歌手になって武道館でコンサートをしたり、ベストセラー作家になったりするのは極端かもしれません。

でも、何かイメージすることがあったとしたら、それはあなたの一つの可能性を示唆《しさ》していると考えてみてください。

「楽しいことは才能である」という観点から考えると、もし文章を書くのが楽しければ、それをぜひ続けることをおすすめします。

文章を書くことをやっていくうちに、書いたものを発表したくなります。

それはブログというかたちだったり、メールマガジンだったり、フェイスブックだったりするでしょう。書き続けているうちに、あなたの文章が面白いと思う人たちが必ず出てきます。たくさんの目に触れると、必ずそれを気に入って、応援してくれる人たちが現れるのです。これは確率論の問題で、あなたと同じように考えたり、感じたりする人たちは一定数います。

そういったことを夜寝る前に考えてみてください。

なぜ夜がいいかというと、夜寝る前は、ふだん制限的に生きている状態から自由に考えられるからです。

夜寝る前に今日できなかったことばかり考えるのと、これからできること、あるいは、こういうことができたらなということを考えるのとでは、眠りが違ってきます。

夜寝る前を幸せな妄想タイムにしてみましょう。

ふだんなら、恥ずかしくなるようなことも、寝る前なら夢のプロローグだと考えられます。どんな突飛《とっぴ》なことをイメージしてもかまわないのです。

そこでスターになったり、名シェフになったり、講演家になったり、俳優になってみてください。

黙っていれば、誰もあなたの妄想を知ることはありません。

また、寝る前には、特にこういうことができたら楽しいな、こういうことができたら理想だなということを考えながら寝るようにしてください。

私はマーフィーの法則などすべて信じているわけではありませんが、そのうちに、そのイメージが現実のものになることもあります。

イメージから人生は広がる

夜寝る前に限らず、日中でもなんとなくチラチラ見えてしまうイメージは、あなたの才能である可能性が高いと私は思っています。

それがどれだけ奇想天外《きそうてんがい》だったとしても、最初から否定しないでください。

私は、いろんな分野で活躍している人にインタビューしてきましたが、「海外の町にいるイメージがずっと浮かんでいた」「会社を経営するイメージが見えた」「自分はたくさんの人の前で話すことになると予感していた」という人がいました。その人たちは、10年以上たって、そのイメージが本当になったので驚いたそうです。

白昼夢《はくちゅうむ》のように人前で話すことをイメージしていたとしても、まさか将来、それが実現するなんて、なかなか考えないのではないかと思います。

でも、もしも何度もそういうイメージが浮かぶのであれば、それはあなたがこれからやることの予知夢みたいなものかもしれません。

そして逆に、自分から予知夢をつくることもできます。

それは、イメージの力で人生を変えるというやり方です。

古今東西多くの人が、イメージするものが現実になるということを語っていますが、私もそういうことは可能だと思います。自分の心がフォーカスするものというのは、しばらくたって時間差で実現する可能性が高いものです。

ですから、寝る前にこういう人に会えたらいいなとか、こういうことができたらいいなということをイメージしながら寝ると、不思議なことに数日後、イメージしていた通りの人と出会ったりすることはよくあります。

だまされたと思って楽しいことをイメージしてみてください。

それをしたからといって、あなたに実害はありません。最悪でも、思うようにならずにがっかりするだけです。

妄想力は、あなたの可能性を広げる

夜寝る前はふだんの制限をはずして、思いっきりあり得ないことを想像してみましょう。

それはたとえば、レディー・ガガと一緒にコンサートをやったり、あるいはベストセラー作家になったり、あるいは政治家になったり、あるいはパティシエとして有名になったり、そういう、いまの自分とかけ離れたことを妄想してみるのです。

それが現実になるかならないかなんて、まったく考えないでください。

自分が俳優になったらどうだろう。

自分がレストランのオーナーになったらどうだろう。

自分が経営コンサルタントになったらどうだろう。

自分がダンサーになったらどうだろう。

自分が世界を股《また》にかけて活躍する人になったらどうなんだろう。

そんなことを妄想していくうちに、寝られなくなるぐらい、あなたのどこか深いところからワクワク感が湧き上がってきます。

妄想したことがすぐに叶うことはないとしても、そのワクワク感は、あなたの次の日の活力になっていきます。

10

面白いと思ったら、飛び込む

「面白そう！」は人生の転機

いままでたくさんの人にインタビューしてきましたが、「面白そう！」と思ったところから、その人の人生は変わっていくようです。

たとえば、たまたま翻訳の講座を受けて、「翻訳って面白そうだな」と思ったところから、それにはまって、後に翻訳家になった人がいます。

友達が料理教室に行っているというので、自分も行ってみたら、それが楽しくて、シェフとしての人生が始まったという人もいます。

法律の勉強を友達がやっていて、「何それ？　面白そうだね」と思ったところから、自分も勉強を始めて、弁護士の資格を取った人もいます。

友人が人前で話すのを聞いていたら、「君もやらない？」と冗談半分に言われて、話してみたら、それが楽しくて、講演家の道に入った人もいます。

そうやって、「面白そうだな」と思ったらそこに飛び込む人と、飛び込まない人との違いは、あとになるほど大きくなります。

この「面白そう！」と感じることは、あなたの才能である可能性が大です。なぜかというと、才能と関係なかったら、「面白そう！」と感じないからです。

たとえば、音楽の才能がない人が、「バンドをやらない？」と誘われても、面白そうとは思わないはずです。でも、一度やってみたかったアロマテラピーの体験会には、乗り気になったりするものです。

不思議なことに、それが本当のあなたの才能に近いことだったりすると、無意識の心理的な抵抗が出てきます。「面白そうだな」と思ったときに、なぜかほとんどの人が、そこに飛び込むことを躊躇《ちゅうちょ》してしまうのです。

それは、本当にそれにのめり込んだら、人生が大きく変わってしまうことを無意識に知っているので、防衛本能として、抵抗が出るのだと思います。いままでの人生を変えるとき、自動的にロックがかかるといってもいいでしょう。

「面白そうだけどお金がかかる」とか、「時間がかかる」「変なやつだと思われたらどうしよう」とか、いろいろな言いわけを考えだします。

自分で知らず知らずにストップをかけてしまうのは、自分が将来傷つく可能性を排除しようとする心理的抵抗だといえます。

そのことを知っておくと、この抵抗を突破することができます。

それは、とても簡単です。「面白そう！」と思ったら、ともかく飛び込むと決めておけばいいのです。

私は20代の頃、いつもパスポートとドルのトラベラーズチェックを、ふだん持ち歩くバックパックに入れていました。

誰かから、「これから海外に行くんだけど、君も行かない？」と誘われたら、たとえ出発が当日であっても行けるようにしていたのです。

実際にそういうことはなくても、いつもパスポートを持ち歩いていることを年配の人に話したところ、「君は面白いねぇ」と言って、後に海外旅行につれて行ってもらったことがありました。

なにか面白い話があったら、その話に、すぐに乗ることが大切だと考えていたので、そういう姿勢が評価されたのだと思います。

仕事の場面などでも、すごい人に会えるチャンスが舞い込むことが、たまにあります。そのときに「会いたい」と思っても、会うには新幹線に乗っていく必要がある、場合によっては海外に行かなければならない場合もあります。そうなるとあきらめてしまう人は多いでしょう。

そして、たまたま行った友人からあとで話を聞いて、「しまった。自分も行けばよかった」と後悔したりするのです。せっかくチャンスがきたのに、断っているようでは、人生が開けるチャンスを自分で捨てているようなものです。

面白そうだと思ったら、よくわからなくても、とにかく行ってみる、買ってみることです。もちろん、ローンを組む必要があったり、高価な買い物の場合はしっかり考えることは言うまでもありません。

なんでもかんでも飛びつくのは問題ですが、どちらかというと、リスクを怖がって躊躇するデメリットのほうが大きいでしょう。

チャンスの神様の前髪をつかめ

チャンスは誰にでも与えられていますが、そのつかみ方には個人差があります。上手につかむ人もいれば、なかなかチャンスをつかめない人もいます。

たとえば、チャンスの神様が来たとしましょう。ほとんどの人たちは、「これって本物の神様なのか」と疑うのではないでしょうか。そして、「きっと偽《にせ》者《もの》だろう」と思ってスルーしてしまいます。

その晩、「チャンスの神様と出会った。どうしたものかな」ということを日記に書いたりします。でも、その日記を書いている頃には、もう、チャンスの神様はどこかに行っています。

もしも投資してくれそうな資産家と出会ったら、ふだんから用意している投資の案件を、もう鞄《かばん》から出している。そういう人が、チャンスをつかめる人です。

「こういうビジネスプランでいこうと思っています」と、チャンスの神様に話してみるから、うまくいくわけです。

チャンスの神様が来たときに、すぐそのチャンスをつかめるように準備しておくということが大事なのです。

ほとんどの人たちは、「チャンスが来たら、つかめるのにな」と思っていますが、そういう人たちは、準備ができていない人です。

チャンスが来たら飛び込むと考えている人たちは、万全の準備をしています。

アメリカでは「エレベータートーク」というのですが、エレベーターに乗っている、たった30秒とか1分のあいだにプレゼンして、お金を投資してもらうような人たちがいるわけです。

そういうチャンスに対する感度を磨くことが、才能を開花させることにつながります。

何かが気になったら、それは人生を変えるサイン

日常的に本を読んだり、人と会ったり、何か雑誌を見たりしているときに気になることがあるはずです。

その気になることがあったら、それがサインだと考えてください。

たとえば、やたらとアロマテラピーという言葉を聞くとか、海外留学した人の話を立て続けに聞くとか、ダンスという字をよく見かけるとか、そんなことです。

「何か気になる」ことは、とても大切です。なぜなら、それは無意識のうちに、あなたが得ているヒントだからです。

テレビでニューヨークの街の特集番組を見た次の日に、ちょうどニューヨー

クから帰ってきた人と出会う。そしてその夜にはほかの友達から、「来月ニューヨークに行こうと思っているんだけど、一緒に行かない？」という誘いのメールが来たりします。

そういうときに、「これはニューヨークに行け、ということだな」と思えるかどうかです。「まあ、単なる偶然だろう」と考える人もいます。

そういうちょっとしたことが、人生を変える分岐点になります。

私の経験では、あるキーワードが、違うところから3回以上来たとしたら、もう絶対、それはチャンスです。

何か気になるというとき、人生を面白い方向に行かせるサインが来ていると思ってください。「なぜ、気になるか」ですが、それは、その人が本来行くべき方向を知っているからではないかと私は考えています。

自分に必要な情報が自分のアンテナに引っかかってくるのではないかと思います。

自分が出会うべき人に会い、行くべき場所に行く

私は、自分が出会うべき人に会い、行くべき場所に行くことは、人生を変えるうえで最も重要なことだと考えています。

普通に生きていると、マンネリなライフスタイルの中に埋もれてしまって、ドキドキするような人には、なかなか会うことがないでしょう。

才能を見つけて、自分を磨いている人たちは、毎週のように素晴らしい人に出会い、ショックを受けながらも、「さあ、自分も頑張ろう！」と思う。そんなサイクルになっています。

一緒にいるだけでワクワクするような人に、あなたはこれまでに会ったことがありますか？

最近はないなという人は、最後に会ったのはいつですか？

話は変わりますが、人生を変える場所というのがあります。そこに行ったら、いろんなことが起きて、これまでと人生の感覚が変わってしまうような場所です。そこでの出会いは、確実にあなたを揺さぶります。

それは、特定の場所でなくてもかまいません。私の場合は、なにかあると、旅に出るということをやっていました。お金がなかった時代は、鈍行《どんこう》の電車で知らない町に行き、日帰りで戻ってくるということをやりました。

たったそれだけでもずいぶん気分が変わります。

過去を振り返って、自分の人生が変わったと感じるような場所はありますか？

そこに行ってみるのも、あなたをリフレッシュさせる行動になります。人によっては、山や海などの自然かもしれませんし、町中のホテルのロビーかもしれません。

そこで、あなたの出会うべき人が待っていると私は思います。

11

とにかく量をこなしてみる

千本ノックを自分に課す

才能というものは、とことんやってみて、初めて開いてくる性質があります。

もちろん、何の練習もしていないのに歌が歌える、生まれつき走りが速いという天才は存在します。しかしそれは例外で、いまの世の中で活躍している人の大部分が、努力しているうちに才能が出てきたタイプです。

あなたが頑張るのが好きなタイプだったら、ぜひ自分に千本ノックを課してください。

それはたとえば、「企画書を書く」「絵を描く」「文章を書く」「人前でスピーチをする」「料理をする」「パーティーを企画する」といったことを、とにかくたくさんやってみるということです。

これをやると決めたら、ただひたすら回数を重ねていくことに意識を集中させます。そうすると、10回や20回でわからなかったことが、30回目や40回目でわかったりするから不思議です。

好きなことが見つからないという人はたくさんいますが、ほとんどが食わず嫌いです。

やる前から、「これが才能だ！」なんて、わかるはずがありません。

料理も100回同じものを作ってみて、ようやく楽しいかどうかわかるものです。朝から晩まで鍋を振ってもなお苦にならないことがわかって、初めて、「これって好きかも!?」となるのです。

ある程度やってみないとわからない、ということがよくあります。最初はあまり考えずに、とにかくやってみればいいのです。そのうちに、それが嫌いなことなら、自然と続けられなくなります。

それが、本当に好きだったり、あなたの才能だったら続くものです。

才能を開花させて生きている人は、ある時期、目の前の仕事に集中して、数をこなすモードに入ります。ただひたすら朝から晩まで文章を書く、料理をする、パソコンの前でソフトウェアをつくる、などです。

まわりから見たら、すごい頑張りに見えるかもしれません。でも本人は、目の前の注文をこなしたり、締め切りを守るので精一杯だったりするので、それが大変だなんて考えたこともないかもしれません。

嵐に巻き込まれたように「うわー」とやっているうちに、気がつくと5年もたっていたなんていうことが才能だったりします。

そうやって一定期間とことんやったあとに、一生やりたいと思うのか、もういいやと思うかで、それが才能かどうかを判断できます。

もっとやりたいという気持ちが出てきたときには、あきらかに、その分野にあなたは才能があるということがわかります。

「これは面白そうだ！」と思ったことを自分に課してみましょう。

やる前から、できるかどうかを考えるのではなく、とりあえずやってみようという気持ちから、才能は出てきます。

時間をかければ見えてくる世界もある

「自分のやりたいことが何かわかりません」という人はたくさんいます。

その人たちの多くが、実際にやってみる前に、イメージで好き嫌いを決めています。

何でもそうですが、それをやっていくうちに好きになるということもあります。これは恋愛と似ていて、パッと見て好きになる一目惚《ひとめぼ》れタイプの人と、いろいろ話したり、つき合ったりしているうちに好きになっていくタイプの人がいると思います。

一目惚れって、意外と当てにならないものです。

最初は好きかなと思ったけど、その人を知っていくと、そうでもないことに気づいたりします。

ライフワークというのは、一目惚れでずっとうまくいくということはありません。なぜかというと、人生を通じて、ずっと長いあいだやっていくものだからです。

ある程度体験してみないとわからないというのが、この才能の世界です。たとえば、文章をずっと書いていても飽きないとしたら、間違いなく、それが才能です。

一目惚れして、本当にその人のことが好きになれば、何日たっても飽きることはありません。会えば会うほど、知れば知るほど、その人のことが好きになるでしょう。でも、そうでないこともあります。

最初はいいと思っても、なんとなくしっくり来ない。知れば知るほど興味が薄れていく、ということはあります。

それはそれでいいのです。それが本当の自分の才能かどうかは、一定期間、自分でやってみることで、答えが見えてくるはずです。

一つの分野を極めれば、次の分野にも行ける

一流の人に共通するのは、一つの分野をとことん極めると、他の分野でも卓《たく》越《えつ》した才能を発揮することです。

歌や俳優の世界で成功している人が画家でも成功するのは、その一つの例です。

とことん一つのものを極めていったら、その周辺の才能も開いていくことがあります。

自分の掘り下げていった分野が拡大していくということもあります。

面白いのは、ある分野をとことん極めようとすると、それがものにならなくても、その隣の分野で成功する場合があるということです。

たとえば、俳優を目指している人が、俳優ではたいしたことがなかったのに脚本を書いて認められるということがあります。

一つのことを極めようと強く思うことから、その周辺の才能に飛び火するというわけです。

何かを一生懸命にやっていると、うまくいかなくても、それは必ずどこかにつながっていきます。

ある才能を極めようとするうちに、「これは自分じゃない」「これは自分だ」ということがわかってくると思います。

だからこそ、まずは一つのことに集中することが大事になってきます。とことんやってみて駄目だったらいやだ、ということで挑戦しない人は多いと思います。でも、それがうまくいかなくても何かが見つかるということがわかっていれば、やってみようかなという気になるものです。

12

助けてもらい上手になる

助けてもらうのが苦手な人は多い

助けてもらうと聞いただけで、イヤな感じがする人が多いかもしれません。

なぜなら、日本人はしてあげることは得意なのに、してもらうことは苦手な人が多いからです。

特に世話好きな人は、自分は世話をするのが好きなのに、いざ世話してもらうとなるといやがります。

たとえば、風邪を引いたという友達がいたら、1時間も車を運転して、温かいスープを届けてあげるのに、自分が風邪を引いたときには誰にも言わず、ただ3日間、熊の冬眠のように引きこもってやりすごしたりします。

自分が困ったときに「助けて！」と言うのは勇気がいります。

助けてもらうのは相手に負担になると思うからです。

けれども逆の立場で考えてください。もし友達から助けてと言われたら、あなたは、頼られてうれしく感じませんか。

一方が助けてばかりだと依存《いぞん》関係に入るので、イヤな感じがするかもしれませんが、親しい友人から頼られると、自然に助けたくなるものです。

「助けて」と自分から言うのも、友情を深めていくうえで非常に大きなチャンスです。

たとえば、引っ越しでも、業者に頼んですべてやってもらえばいいという人もいますが、昔の農家のように、自分が引っ越しするときは助けてもらい、そして友達が引っ越しするといったら手伝ってあげるのも楽しいでしょう。その夜にはごはんを一緒に食べて盛り上がることで、友情は深まっていきます。

ドライにまったく助け合わない関係よりも、そういうところで行き来したりするのが友情です。

助けること、助けられること

あなたは、助けることと助けられること、どちらが多いですか。

あなたが社会的に活躍している人であればあるほど、助けることのほうが多いのではないかと思います。

幸せな人は、助けることと助けられることが半々です。

なぜかというと、「人生は、助けることと助けられることによってできている」からです。

もしあなたが助けることが多い場合には、努めて助けられることを練習しましょう。

私が運営している八ヶ岳の研修センターでは、ボランティアの人たちをたくさんお願いしています。

ボランティアの人たちには、無給で4、5日受講生の人たちのサポートをする作業をやってもらいます。それを誰かプロの人に頼んで報酬を払うこともできますが、あえてボランティアの人にお願いしています。

ホテル代や食費はすべてこちらで負担するので、最終的には同じぐらいのコストがかかるわけですが、そうやってボランティアの人にあえてお願いすることで、ボランティアの人たちはイキイキと活躍してくれています。

そして帰る頃には、一生の楽しい思い出になりましたと言って、その後も定期的にパーティーをやってお互いの近況を知らせ合うなど、ファミリーのようないい関係が築けています。なぜそういうことをやるかというと、助けてもらうことの楽しさを知っているからです。

あなたが、「わざわざ助けてもらわなくてもいいや」と思うときこそ助けてもらいましょう。助けてもらうことによって、あなたの器は広がっていくでしょう。

助けてもらう器を大きくする

では、助けてもらう器を大きくするにはどうしたらいいのかということを考えてみましょう。

まずは、あなたができることでも、誰かに助けてもらったほうが楽しいというところからスタートしましょう。

それは仕事もそうですし、パートナーシップでもそうです。

いま、仕事で忙しい人は、その中で自分にしかできない仕事はどれぐらいあるのか書き出してみましょう。

多くの人たちが、半分ぐらいは自分じゃなくてもできるはずです。

それを誰かにお願いして助けてもらうことで、助けるほうは成長することができます。

そして、たとえば家事でも、分業せずに、気がついたほうがやるというスタイルで助け合うと、夫婦の仲がより深くなったり、感謝が増えたりします。

分業で家事をするようにすると、相手がなんでこれをやってくれないんだという苦々しさに変わってきます。

お互いに助け合って感謝し合うのと、お互いに助け合わないで苦々しい思いを抑圧するのとでは、10年後、全然違うパートナーシップになっていることでしょう。

あなたの人生で少しでも助けてもらうチャンスがあったら助けてもらうようにしてみましょう。

自分ひとりでできると思わずに、自分以外の人でもできることは、どんどんやってもらいましょう。

助けてもらうと申し訳ないと感じるかもしれませんが、それによって人生の楽しさは広がります。

たとえば、家事は自分でできるという人でも、喜んで家事をやりたいという人にあえて仕事として頼むという方法もあります。

昔、家事のお手伝いさんをお願いしたときに、お手伝いさんがあと10分で来るからといって、家族総出で片付けをしたことがあります。それは本末転倒で、お手伝いさんに話を聞いたら、片付けがいがあるほうが楽しいと言ってくれました。

そういうふうなかたちで助けてもらうことに関して自由になると、その分だけ自分の時間も増えてきます。

そうやって助けるほうと助けられるほうの関係がより深まって、感謝と愛情が深まっていくと人間関係もよくなるでしょう。

才能とは、助けたい！という気持ちから出てくる

才能は、誰かを助けたい、喜ばせたいという気持ちを強くもったときに出てきます。それは、才能が、結果的に誰かを喜ばせるようになっているからです。料理を作る、歌を歌うといったわかりやすいことから、ビルを設計するということまで、それは誰かの役に立つことです。

自分の才能を使って、どうやって人を喜ばせようかと考えだしたら、才能が出てくる準備が整ったことになります。

最初はそれが何かわからなくていいのです。自分ができることで誰かを喜ばせたい、そう思えるようになると、何かインスピレーションが湧いてきます。そうすると不思議なことに、急に「これかな」ということが見つかるのです。

13

自分の応援団を組織化する

自分の応援団をもつ

あなたには何人ぐらいのファンがいますか。

あなたの活躍の大きさは、あなたのファンの人数によって決まります。

有名なミュージシャンだと、武道館がいっぱいになるぐらいのファンが全国からやってきます。彼らの音楽に魅せられて、ぜひライブで聴きたいという人たちがそれだけいるということを意味します。

そこまで極端でなくても、あなたが何かをやるときに、ぜひ応援したいと言ってくれる人があなたのファンです。

そうやって応援してくれる人は、どれだけいるでしょうか。

その人数が10人以下だと、あなたが何をやってもあまりうまくいかないかもしれません。

「ファンなら、たくさんいるよ。フェイスブックで『いいね』を押してくれる人が数百人いるから」という人がいます。

でも、その中には、義理でボタンを押してくれた人がたくさんいるわけで、「ファン」は、もっと熱心に、あなたのことを応援してくれる人のことをいいます。

実際にあなたにお金を払ったり、お客さんを紹介してくれたりする人が、あなたのファンです。

「成功を祈っています」という人はファンではなく、単なる祈り人です。ありがたいことですが、実際にはあまり役に立たないかもしれません。

あなたが何人ファンをもっているのかを冷静に見てみましょう。

これは、あなたがどれだけ、その人の心をつかめたかということになります。

ファンは、ギブアンドテイクの世界では生まれません。なぜかというと、ファンは好き嫌いで決まるからです。「これだけ儲けさせてもらったので、あなたのファンです」ということはないのです。

あなたのことが好きだからというだけでファンになります。そのために、あなたはものすごい人になる必要はありません。

ダメなところもあるけれど、頑張っているから応援したくなるのです。野球でも、サッカーでも、一番強いチームにファンが多いのは当然ですが、一番弱いチームにもファンはいます。また、不思議なのは、強くも弱くもない中途半端なチームにも、必ずファンがいることです。

だから、決して能力を高めたりすることだけを、目標にはしないでください。最終的にあなたのファンは、あなたが好きだからファンになるのであって、あなたに何かのメリットを求めているわけではありません。

「ファンに何かを返さなければ」ということを考えれば考えるほど、相手は冷めてしまいます。

なぜかというと、彼らはあなたに見返りを期待しているのではないからです。

あなたを応援してくれる人

あなたを応援してくれる人は、あなたのファンですが、どれぐらいあなたのことを真剣に思ってくれているでしょうか。

ファンとは、あなたのことを話題にしている人と言ってもいいかもしれません。

あなたのこと、あなたの活動を話してくれる人が1人なのか、10人なのか、100人なのか、1000人なのかで、あなたの活躍度合いは変わってきます。

あなたを応援するスタイルには、いろんなタイプがあります。

ポジティブに話してくれる人もいれば、ネガティブに話す人もいます。

いずれにしてもあなたのことを話題にしてくれている人が多いほうが、あなたにはプラスになります。

あなたへの応援にはいろんなやり方があります。フェイスブックやブログで告知してくれる人もそうですが、実際にあなたに何かの協力をしてくれる人もいるでしょう。

そういった人にどれだけ感謝の気持ちを示せるのか。

彼らには決してプレゼントを返したり、何かのメリットを返すということではなく、あなたの気持ちをどれだけ返せるのかというのがポイントになってきます。

あなたの才能は、たくさんのファンに応援されると、開花しやすくなります。もっと彼らを喜ばせたい、びっくりさせたいという思いが、あなたの中に眠る才能をより顕在化させるのです。

そして、ファンの存在は、あなたのモチベーションアップにもつながります。苦しくなったとき、投げ出したくなったとき、彼らの存在が、あなたに勇気を与えてくれるのです。

応援しやすいシステムをつくる

では、あなたが素晴らしい人物になったらいいかというと、そういうわけではありません。

なぜなら、完璧な人物は尊敬されますが、ファンはつきません。

あなたが頑張っているから、ファンは応援したくなるのです。

あなたが一生懸命に何かをやっているときや、不器用ながらも精一杯努力しているときにファンはつきます。

人は、本気でやっている人を応援したくなるものです。

だから、すごい人になることを目指す必要はないのです。

ただ、あなたがやらなければならないことがあります。

それは、ファンの人たちがあなたを応援しやすいシステムをつくることです。

システムといっても、アイドルやタレントのファンクラブのようなものです。

たとえば、あなたのメーリングリストに載ってもらう。

あなたのフェイスブックのお友達になってもらう。

あなたが何かやるときに、メール１本で連絡できる仕組みをつくるということを具体的にやってください。

また、定期的にあなたの近況をお知らせすることで、彼らはあなたの活躍を知ることができます。あるいは、壁にぶち当たっているとき、「よし、自分が応援してあげなくちゃ！」となってくれるのです。

また、何をやってもらいたいのかも、明確にしておきましょう。

これがはっきりしないと、「応援はしたいんだけど何をすればいいかわからない」という状態になってしまいます。それでは、せっかくその人が応援するつもりでも、あなたはその応援を受け取れないことになってしまいます。

14

幸せなメンターに弟子入りする

☆先生によって、あなたの才能がどこまで伸びるかが決まる

どんな世界でもそうですが、あなたの活躍できるレベルは、あなたの先生のレベルによって決まると言ってもいいでしょう。

あなたがオリンピック選手を目指すのであれば、オリンピックに出場した経験のある人か、オリンピック選手を育てた人をコーチにするべきです。

同じようにビジネスでも、家族だけでやっているお店のお父さんに弟子入りしても、会社を大きくする方法は学べません。

有名な歌手のヴォイストレーナーではなく、町のカラオケの先生についていても、プロの歌手になることは難しいでしょう。それは、彼らがどれだけ人柄がよくても、具体的なことを教えられないからです。

優秀なメンターは、弟子の才能をどう引き出すかをよく知っています。また、たくさん経験があるので、最高のアドバイスをすることができます。

才能は、自動的に磨かれるものではなく、いろんな摩擦《まさつ》によって美しく磨かれていく宝石のようなものです。切磋琢磨《せっさたくま》という言葉がぴったりですが、優秀な人は、才能にあふれた仲間、人を育てる情熱をもつメンターによって磨かれていくのです。

才能には、いろんなレベルがあります。

歌の世界を例にとってみましょう。

趣味でカラオケが好きだというレベルから、セミプロでコンサートを年に数回やるようなレベル。また、ホテルやお店で歌うレベル。プロのミュージシャンとして自分のCDを出したことがあるレベル。何十万枚と売って全国ツアーをやって有名になっているレベル。

それぞれに、活動の種類が全然違います。ホテルで歌っている人には、特定のファンはいません。お客さんは、その人の音楽を聴きたくて来ているわけでもありません。

ファンが何千人かいる人は、コンサートを年に何回かやることはできるでしょうが、経済的に豊かになるまでにはならないでしょう。

歌手の道で成功するには、歌の技術的なことも大事ですが、業界の人とのコネクション、事務所の営業力の強さ、運などがすべて必要になります。

そういうレベルで教えてくれるメンターにつくか、歌のレッスンをやってくれる程度のメンターかで、その人の歌手としての未来は決まります。

ビジネス、政治、アートの世界でも同じことが言えます。一つだけでなく、いろいろな側面を教えてくれるメンターを見つけることは、あなたが才能を見いだして、磨くためにはとても大切です。

メンターの質が、あなたの才能のレベルを決めると言っていいでしょう。

メンター選びのコツ

では、メンターはどうやって選んだらいいのですかという質問が出てくるかもしれませんが、最初は、身近な人から選ぶようにしましょう。

いきなり有名人に手紙やメールを書いて、メンターになってくださいと言っても、それは無理です。私のところにも毎週何通かそういうメールが来ますが、とても対応しきれないというのが現状です。そして、詳しいことは何も書いていないので、何を教えてもらいたいのかも、よくわかりません。

なかには、自分の人生でこれまでに起きたことを何ページも書いて、「こんな私ですがメンターになってください」という人もいますが、それを全部読むほど暇な人は、いい相談相手にはなってくれるかもしれませんが、いいメンターにはなれません。

まず、あなたのレベルに合ったメンターから探しましょう。

そのために、あなたの職場の先輩、学校の先輩、近所の人、親戚、誰か身近で活躍している人、あなたがやりたいと思っている分野で活躍している人を探せば、きっと見つかります。そこから始めましょう。

メンターは、どうやって才能を磨いて、人を成長させるかをよく知っています。自分がそうやって成長してきたからです。ただ、天才肌の人は、自然にやってきたので、人に教えることができません。また、興味もなかったりします。たとえば、自分ではオリンピックには出たことがないけれども、たくさん弟子を送り込んでいるというタイプのほうが優秀なメンターになれます。

過去にすごい実績があったとしても、先生の才能が欠けていると、いい指導者にはなれません。彼らは、プレーヤーだからです。

だから、メンターを選ぶときには、そのあたりのことを考えて、慎重に選んでください。

メンターは幸せかどうかで選ぶ

メンターを選ぶときに、考えておいたほうがいい条件があります。それはそのメンターが、幸せかどうかです。

どれだけ活躍していたとしても、その人が幸せでなければ、あなたは不幸を無意識のうちに学ぶことになります。

私が以前弟子入りしようと思ったメンターは、ビジネスで成功するには家族のことは忘れろと言っていました。

その瞬間、その人に対する尊敬が一気に冷めて、こんな人に弟子入りしたら、お金持ちかもしれないけど、不幸で孤独な人間になってしまうと思いました。

そういった意味で、メンターは幸せかどうかで選んでください。

また、苦労している人も、いい指導者になれます。若い頃、お金や人間関係、健康の問題で苦しんだ体験があれば、きっとあなたの苦しみや落ち込む気持ちを理解してくれるでしょう。

人は苦しいことがあったり、悲しんだりしたとき、人間的な器が大きくなります。あなたのメンターが、すごい業績を出していても、あまり苦労せずとんとん拍子で来たタイプだと、人のことがわからなかったりします。そういうタイプは、共感能力に欠けていることが多いので、あなたが不安に感じたり、絶望感をもったりすることが理解できません。

場合によっては、「おまえは気合いが足りない！」と、頭ごなしに怒られるかもしれません。

長くつき合うことになるメンターです。人間としてプラス面もマイナス面も大きく受けとめてくれるような素晴らしい人を選んでください。

メンターに才能を開花してもらう分野は？

メンターに教えてもらうことはたくさんあります。

自分が選んだ分野での具体的なスキルもそうですが、心構え、人とのつき合い方、失敗したときのカムバック法などです。

プロジェクトをどうやって進めていくのか、お金をいつもらうのか、あるいはもらわないのかなどを教えてもらうのです。

そういうことを学ぶうちに、あなたは一流の人だけがもつ空気感を身にまとうようになります。

才能あふれるメンターは、同じ時間、空間を共有しているだけで、自然に弟子の才能を開きます。才能というのは、刺激によって開花する性質があります。

たとえば、メンターの演奏を生で聴くと、全身にその波動が伝わります。すると、何も言葉では教わっていないのに、弟子の出す音も、その後、劇的に変わったりするのです。

そうやって、メンターからテクニック以外のものを学ぶようになります。メンターに教えてもらえることに、大きな視点があります。

たとえば、文章を書くという才能を磨くとき、普通なら、自分が感じていることをどう表現するのかということで精一杯になると思います。

しかしメンターは、読者があなたの書く文章をどう読むかという視点をくれます。

また、数年後、10年後、場合によってはあなたが死んでからも、あなたの文章を読む人が出てくることもありえます。そういうことをメンターに言われて、それまで文章を書くことだけに向かっていた意識が、未来の読者のことを考えるところまで広がったりするのです。

15

パーソナルコーチをお願いする

パーソナルコーチを雇う

オリンピックの選手やプロスポーツの選手には、必ず専属コーチがいます。スケートやマラソン選手がメダルを取ったとき、コーチと抱き合って喜びを分かち合っているシーンを見たことがある人も多いでしょう。

コーチは、技術面を教えるだけでなく、選手たちの精神的な支えにもなっています。10年ほど前から、スポーツだけでなく、いろいろな分野でコーチという肩書きで仕事をする人が増えてきました。

パーソナルコーチを雇うという習慣は日本ではまだ一般的ではありませんが、欧米のエグゼクティブでは当たり前になっています。カウンセラーに悩みを相談するように、コーチングセッションを受けています。

彼らがコーチをお願いするのは、一緒に走ってくれるからです。

トレーニングというものは、誰にとっても面倒なもので、コーチが、「さあ、走りましょう」と言ってくれるから、その気になれるということがあります。

また、自分が何かやろうとするときには、それを続けるペースがつくれないものですが、そのペースをつくってくれて、そして、目標を一緒に考えてくれたり、自分の弱み強みもわかったうえで応援してくれる存在は、なによりも心強い助けになります。

あなたが苦しいとき、もうやめようと思うときも、コーチはそこにいてくれます。

そういう人がいると、それに対するコミットがより増すので、自分の専門分野とか才能が深まっていく可能性が高くなってきます。

コーチは自分が成長することにすごく役立つ

目標地点に近づいてきて、「まあ、こんなもんでいいかな」と思ってしまうようなときも、コーチに「次の目標は?」と聞かれると、次を考えるようになります。

たとえば10キロ走れて、もうそれで満足してランニングをやめてしまおうと思っていたのが、「10キロ走れましたね。次はどうしますか?」とコーチに言われたら、「やっぱり15キロ行きたいな」という気持ちになるわけです。

疲れてなにもかもイヤになってしまうようなときにも、自分の成長を見守り、応援してくれる人がいることで、「もう少しやってみようかな」という気持ちになって、最後の100メートルを頑張れるわけです。

自分の才能を開花させていくうえでも、コーチと話をすることで、初めて気がつくことがあります。

「こういうことが得意なんだけど、でもなんだか、これは違うかなと感じている」と言ったら、「3年前同じようなことを言ってましたよね」というように、過去に感じていたことを思い出させてくれます。

「あのときワクワクしたって言っていましたよ。こういうことが得意なんじゃないですか?」

そんなふうに言われたとたん、ちょっとびっくりしながらも、「やっぱり、これが自分のやりたいことなんだ」と納得したりします。

親友やパートナー、親が、コーチの存在になってくれるのではないかと考える人もいるかもしれません。でも、それはやってみると、案外うまくいかないものです。人は、自分の身近な人のことを、軽く見がちです。

ここは専門家に頼んでみる。そういう自分への投資も、才能を見つけるうえでは大切でしょう。

自分の鏡としての存在

コーチのセッションを受けると、自分の価値観が会話の中から自然と浮き彫りにされて出てきます。それは、彼らが鏡でいることに徹してくれるからです。

コーチは、とやかくアドバイスする人たちではありません。

ただ頼めば、魔法のように才能を引き出してくれるわけではないのです。

コーチにあなたの才能を引き出してもらうには、あなた自身がどう考えるかということが大切です。

コーチの存在は、あなたを映しだす鏡のようなものです。

「自分が行きたいか行きたくないか」、そのことをはっきりさせるときに役に立つ応援者です。

人は、自分のことなら、よくわかっているつもりです。ましてや「自分がやりたいか、やりたくないか」ということであれば、答えは簡単なはずではないでしょうか。

自分のやりたいことをすればいい。コーチに聞かなくても、そうするのが一番いいと思いませんか。

それをするのが、それほど難しいことだとも思えません。

でも、自分のやりたいことができている人は、少数派です。

自分がやりたくてやっていると思っていても、よくよく考えてみると、それは親やパートナー、会社の上司や部下の「やりたいこと」だったりします。いつのまにか、本当に自分はやりたいのか、やりたくないのかということもわからなくなって、一人では答えは見つかりません。

それをするうえで、メリットはなにか、デメリットはなにか。コーチと話していくうちに、頭では「これをやりたい」と思っていたことでも、じつは気持ちがそれについていっていないということがわかったりします。

自分のやりたいこと、やりたくないこと、自分の才能、才能でないことが、コーチに話しているあいだに自分の中で整理されてきて、ひょっとしたらコーチが一言も話さないのに、30分のセッションが終わったときには、自分の方向性がはっきり見えていたり、ということがあるわけです。

コーチは、30分とか1時間単位で毎週、あるいは毎月とか時間を決めて、自分の目標、自分の心の状態などの相談にのってくれます。

インターネットで探せば簡単に見つかるし、コーチをお願いしている友人に紹介してもらうこともできるでしょう。

コーチには専門分野のようなものがあります。経営に強い人、スポーツに強い人、あるいは才能を開発することが得意な人がいます。

特に大事なのは、自分と感性が合う人を選ぶことです。長いつき合いになる可能性もあるので、慎重に選ぶといいでしょう。

16

自分の未来に好奇心をもつ

あなたの未来は？

あなたの未来は、どんなものになる感じがしますか。

どれくらい、はっきり見えるでしょうか？

私は占い師ではありませんが、あなたの未来はある程度決まっていると思います。それは、あなたの未来が、あなたがこれまで生きてきた延長線上にあるからです。

あなたが不平不満を言って積極的に生きていないならば、あなたは状況の犠牲者となって、いろんなことにこづきまわされるような人生を生きるでしょう。

あなたが幸せに自分のやりたいことをやってきたとしたら、あなたの未来も楽しいものになるに違いありません。

そういった意味で、あなたの未来はもうすでに、あなたが決めていると言えますが、改めてここであなたの未来の可能性を見てみましょう。

あなたの現在の状態は、これまでの、「人生はこうあってほしい」というあなたの思いの集積でできています。

あなたがたくさんの人を幸せに豊かにしてきたとしたら、あなたのいまの生活は幸せに豊かになっているはずです。あなたがまわりの人を恨《うら》みながら生きているとしたら、あなたのまわりも同じように反応するでしょう。

未来もまったく同じです。これからあなたが、人を大切にして生きていったとしたら、まわりも同じように大切にしてくれるでしょう。

まわりの人に経済的価値を与え続けたら、その結果として、あなたにも報酬が入ってきます。

いまは自分の才能がなにかわからなくても、才能を見つけて開花させていったとしたら、あなたの未来はこれまでと全然違う可能性に満たされるでしょう。

あなたの未来は自分で選べる

あなたの未来がもし自分で100パーセント選べるとしたら、あなたはどんな未来を選ぶでしょうか。

この自分の未来を選ぶという感覚はなかなかないかもしれませんが、冷静に見ていくと、多くの場合、あなたは自分の未来をつくっています。

そしてそれは、毎瞬毎瞬、選び直すことができます。

それはあなたの人間関係を見ることであったり、自分の仕事を見つめ直すことであったり、自分の心の状態を把握《はあく》することであるかもしれませんが、それを上手にやることで、あなたは理想の未来をつくりだすことができます。

多くの人は、自分の未来は選べるという感覚をもたずに、状況の犠牲者となって生きています。

本当はこんな会社で働きたくなかった。

こんな奥さん、旦那さんと結婚するんじゃなかったということをマイルドに感じながら、決してそれは言語化されることはありません。

そういった鬱積《うっせき》した不満が、ある事件をきっかけに爆発することがあります。

なぜなら、自分は状況の犠牲者だと感じているからです。

けれども、もし自分が自分の人生を選べる、１００パーセント選べるということを感じていたとしたら、あなたの人生はまったく違ったものになります。

そういう意味で、あなたが自分で選んだと思うこと、そして、選んだと思っていないことに関しても書き出して見つめ直してみましょう。

自分の未来にワクワクしますか

あなたは自分の未来を選べるとしたら、どんな未来をつくりだすでしょうか。

その未来は、素晴らしいものでしょうか。

それとも、その未来は暗いものでしょうか。

あなたは自分の未来にワクワクすることができるでしょうか。

もし、素敵な未来が待っていると感じられたとしたら、あなたは日常的に才能をフルに使っている人です。たぶん、これまでも、いろんなことに挑戦してきて、結果も出ているのではないでしょうか。失敗もあるだろうけど、その後きっといいことがたくさんあると感じているでしょう。それは、「人生は面白くなるようにできている」と信じているからです。

もし、あなたが将来に不安を感じたり、自分に自信がないと思っているなら、それは自分の価値観が、まだ定まっていないからです。

「できるだけいいことだけ起きてほしい」「失敗や悪いことは起きてほしくない」と考えていても、生きている以上、失敗を避けることはできません。

「いろいろあるかもしれないけれど面白そうだ」と思えるようにならないと、ワクワクできないのです。

あなたがどういう未来をつくるのかは、あなたの手の中にあります。あなたしだいで、どんな未来でもつくることができます。

自分の才能を発揮して、楽しくワクワクするような毎日を送ることもできるし、退屈で単調な毎日を送ることもできます。

あなたは、どちらの未来をつくりだしたいでしょうか？

いま、それが何かわからなくても、探しつづければ、きっと見つかります。

最初に、自分はこれからの人生で何をやりたいのか、何をやればワクワクするのかなぁと考えることからスタートしましょう。

ワクワクしていると、最高の未来が引き寄せられる

才能は、あなたがワクワクするときに出てきます。あなたが「メチャクチャ楽しい！」という感じになるものです。その延長線上に、あなたの才能は出てきます。しかし、多くの人がこのワクワクに関して誤解していることがあるので、それについてもお話ししておきましょう。

たとえば、いまのところは特にワクワクすることはなくて、せいぜい学生時代にギターをやっていたことぐらいだという人がいたとしましょう。

その人は下手なギターを弾いていて「楽しい！」と感じても、「こんなレベルじゃとてもプロになるなんて無理だ」と考えます。そこで普通なら、しばらくギターをいじっても、そのうちにやめてしまうことでしょう。そして、何事

も長続きしない自分に落ち込むのではないでしょうか。それっきり、ワクワクするとか才能を探すということも忙しくて考えなくなってしまうのです。

それは、「ワクワクを追いかける」という意味を間違ってとらえているからです。ギターが好きなら、24時間演奏しつづけなさい。そうすればあなたはプロになれるでしょう。そういうことではないのです。

さきほどの例で言うと、ワクワクしてギターを弾いていたら、それが会社でも知られることになり、友達から有名なギタリストのコンサートに誘われます。その帰り道、友人とごはんを食べていると、同じレストランで、10年前に親しくしていた友人とばったり出会います。うれしくなって旧交を温めていると、その人がベンチャービジネスを立ち上げるという話が出てきます。それは自分もずっと密《ひそ》かに考えていたことで、そこから独立を決意します。その後、紆余《うよ》曲折《きょくせつ》がありながらも、そのビジネスで成功するといった話なのです。

ここで、ギターは直接関係ありません。しかし、ワクワクしてギターを手に取らなければ、その人とも会っていないのです。

ワクワクを追いかける意味は、普通に考えられている以上に広いのです。

先にも言いましたが、本人が行くべき場所に行き、出会うべき人に出会うためには、ある程度のエネルギーが必要です。引きこもっていたら、それは実現しません。

そのエネルギーをチャージするのが、このワクワクを追いかける行為なのです。それをやっているうちに、摩擦《まさつ》が生まれます。それはまわりに反対されたり、追い風が吹くときに出てくる不安といったネガティブなものも含みます。

いずれにしろ、それはエネルギーです。発生した大きなエネルギーに助けられて、あなたの人生は別のステージに運ばれるのです。

こればかりは、プランしてうまくいくようなものではありません。人によっては、運命を感じてしまうようなことです。次から次へと偶然がつながって、出会いがあったり、チャンスがやってきたりすることがあります。

そういうワクワクするエネルギー、感動がいっぱい起きる場所にあなたの才能は眠っています。

17

生まれてきた目的を考える

あなたは何のために生きているのか

これまで才能をどうやって見つけるのかということをお話ししてきましたが、もう少し、本質的な話をしましょう。

あなたはいったい何のために生きているのか、はっきりと言葉で表現できますか？

あなたは、ただ月末の支払いをするために生きているのでしょうか。

息子や娘のため、親のため、夫や妻のために生きているのでしょうか。

あなたは自分が生まれてきてよかったと思っていますか。

私は人生の目的の一つは、毎日を心から楽しむこと、自分のやりたいことをやりながら、人の役に立つことだと考えています。

あなたがもって生まれた才能を100パーセント開発し、それを多くの人たちを喜ばせることに使い、感謝されることで、幸せのサイクルは完結すると思っています。

もし、あなたが本来やるべきことと違ったことをやっているとしたら、なんとなく空虚感《くうきょかん》を抱えているはずです。

この空虚感は、お金やたくさんの名誉やものがあったとしても決して埋まらないものです。

そして、これは外からはわかりません。

あなたにしかわからないものです。

もしあなたの中にそういった空虚感があるとしたら、それは自分の人生を生きること以外では満たせないということをぜひ知ってください。

あなたの人生の目的は、あなたの才能に隠されている

あなたの人生の目的は、あなたの才能と結びついています。

あなたの才能は、あなたがあなたの人生の目的を果たすために与えられています。

あなたがやりたいこと、ワクワクすることは、あなたの人生の目的につながっています。

それを実行するために、あなたの才能は与えられています。

あなたがどのような才能を与えられているのか、いまはわからなくても、とにかくそれを使ってみようと決めることです。

才能には、使っていかなければ、出てこない性質があります。そして、一つ

の才能をしっかり使いだすと、次が出てきます。そうやって次々と出てきた才能のすべてを使っていかなければ、人生が楽しくなりません。

一つだけ使ったら幸せかというと、決してそういうものでもありません。あなたにはたくさんの才能があります。それは、ビジネス、教育、政治、アートだったりするでしょう。自分の中に眠る複数の才能をすべて使わなければ、深い充足感が得られないように人の心はできているようです。

そして、その才能をフルに使って、あなたにしかできないことをやっていくと、あなたの毎日はワクワクしたものになっていきます。そこで出会う人は、あなたの心を震わせ、共同創造のプロジェクトがスタートするでしょう。

あなたが本当にやりたかったことが次々と思い浮かび、それをやっているうちにさらなるチャンスがやってきます。

あなたは自分がどういうときに輝くと思っていますか。

心からワクワクする活動をやっていて、そして多くの人に感謝され、その人たちとの愛や友情が自由に通い合っている。

そんな状態がイメージできますか？

あなたがこれまでの人生で最も輝いていたときは、どんな状況でしたか。

あなたが苦しかったとき、いったいそこには誰がいたでしょう。

その両方に、あなたの才能や人生の目的を見つけるヒントがあります。

あなたが絶望の淵《ふち》にいるとき、そこには必ずあなたが復活するための才能が隠されています。たとえば、人の悲しみを理解する才能、追い詰められたときに馬鹿力で切り抜ける才能、人に助けてもらう才能。

ピンチにならないと出てこない才能が、そういうときに出てきて、あなたの身を助けます。それはピンチから脱したあとも、そのご褒美《ほうび》として、一生使うことができます。

そうやって、一つずつ才能を見つけていく先に、「これがずっと思い描いていた人生だ！」という瞬間がきっとやってきます。

そして、それは、この瞬間からもう始まっているのです。

心の平安は自分らしさを実感したときにやってくる

この本を終わるにあたって――。

あなたの才能を見つけて、そして、それに磨きをかけて、多くの人と分かち合うことができて初めて、あなたに心の平安がやってきます。

なぜなら、自分の人生の目的を果たしつつあるという実感が、そこにあるからです。

それがまだ不完全なものであったとしても、自分の深いところから湧き上がる大切なものを分かち合えているという実感は、あなたの人生に深い満足感をもたらします。

そのレベルで仕事をしているとき、どれだけ睡眠不足になったとしても、心からのうれしさや満足感が自然に湧きだしてきます。

あなたの才能は、あなたを裏切りません。これから、あなたが苦しいときも楽しいときも、きっとあなたを助けてくれます。そして、自分に才能があったことを心から感謝するときがやってきます。

それが、明日来るか、数年後かはわかりません。人それぞれにベストなタイミングがあるからです。

「これが自分の才能だ！」と心から思えるようになる前に、あなたはたくさんのドラマを経験することでしょう。うれしいこと、楽しいこと、苦しいこと、つらいこと、絶望することをいろいろ経験して、自分が誰かということを見いだしていきます。

ワクワクすること、ドキドキすること、がっかりすることにも出会うでしょう。その一つひとつが、後にかけがいのない思い出になります。

そして、あなたがこの世界から旅立つとき、静かに思うでしょう。

「自分の人生をあきらめなくて、よかった！」と。

おわりに　才能は信じる人にだけ与えられる

この本を最後までお読みいただいて、ありがとうございました。

『自分の才能の見つけ方』（フォレスト出版）がベストセラーになって、たくさんの読者から「具体的にはどうすればいいですか？」という声をいただきました。本書は、その実践編として答えたものでもあります。

才能を見つけることだけでなく、幸せに生きるノウハウもたくさん盛り込みました。本書の中に出てきた17のことをすべてやる必要はありません。あなたがやれそうで、楽しいこと、ワクワクすることを選んでください。

これから、「才能なんて、やっぱり自分にはないんじゃないかなぁ」と何度も思うでしょう。

でも、そのうちに、きっと自分のやりたいことが見えてきます。才能とは、本書の中でもお話ししてきましたが、ふとしたときに見つかるものです。

いま、それが何かわからなくても、きっとベストなタイミングであなたのところにやってきます。できるだけ早く見つかってほしいと考えるかもしれませんが、才能に関しては、焦《あせ》りは禁物です。長期戦だと思ってください。回り道することがあっても、それが役に立ちます。

どう役に立つのかわからないのが、この才能の不思議なところです。

才能は、あなたがその存在を信じないと出てきません。きっと何かあるはずだ！　ということを自分に言い聞かせて、探しつづけてください。

その一番の方法は、何度も本書で繰り返しましたが、ワクワクすることを実践していくことです。あなたが面白そうだなと思うことに飛び込んでください。

あなたの才能が次々に現れて、楽しい人生が実現できますように！

河口湖オルゴールの森にて　　本田　健

本田 健（ほんだ・けん）
神戸生まれ。経営コンサルティング会社、ベンチャーキャピタル会社など、複数の会社を経営する「お金の専門家」。独自の経営アドバイスで、いままでに多くのベンチャービジネスの成功者を育ててきた。育児セミリタイア中に書いた小冊子「幸せな小金持ちへの8つのステップ」は、世界中130万人を超える人々に読まれている。『ユダヤ人大富豪の教え』をはじめとする著書はすべてベストセラーで、その部数は累計で550万部を突破し、世界中の言語に翻訳されつつある。ポッドキャストで配信中の無料インターネットラジオ「本田健の人生相談～Dear Ken～」は累計1000万ダウンロードを超える人気番組となっている。
本田健公式サイト
http://www.aiueoffice.com/

だいわ文庫

才能《さいのう》を見《み》つけるためにしておきたい17のこと

著者 本田《ほんだ》 健《けん》

二〇一三年一一月一五日第一刷発行

発行者 佐藤 靖
発行所 大和《だいわ》書房
東京都文京区関口一－三三－四 〒一一二－〇〇一四
電話 〇三－三二〇三－四五一一
装幀者 鈴木成一デザイン室
本文デザイン 福田和雄（FUKUDA DESIGN）
編集協力 ウーマンウエーブ
本文印刷 シナノ
カバー印刷 山一印刷
製本 ナショナル製本
ISBN978-4-479-30456-2
乱丁本・落丁本はお取り替えいたします。
http://www.daiwashobo.co.jp

だいわ文庫の好評既刊

＊本田健
10代にしておきたい17のこと
人生の原点は10代にある！　20代、30代、40代の人にも読んでほしい、人生にもっとも必要な17のこと。
600円
8-9 G

＊本田健
20代にしておきたい17のこと
『ユダヤ人大富豪の教え』の著者が教える、20代にしておきたい大切なこと。これからの人生を豊かに、幸せに生きるための指南書。
600円
8-6 G

＊本田健
20代にしておきたい17のこと〈恋愛編〉
男女ともに20代で一番悩むのが「恋愛」のこと。ベストセラー作家が教える、後悔しない「恋愛」の17のルールとは。
600円
8-12 D

＊本田健
30代にしておきたい17のこと
30代は人生を変えるラストチャンス！　ベストセラー『ユダヤ人大富豪の教え』の著者が教える、30代にしておきたい17のこととは。
600円
8-8 G

＊本田健
40代にしておきたい17のこと
40代は後半の人生の、フレッシュ・スタートを切れる10年です。20代、30代で準備してきたことを開花させよう。
600円
8-11 G

＊印は書き下ろし